MARIO DE MORAES

PERFIS
NACIONAIS

EDITORA LTr
SÃO PAULO

Dados Internacionais de Catalogação na Publicação (CIP)
(Câmara Brasileira do Livro, SP, Brasil)

Moraes, Mario de
    Perfis Nacionais: 6 / Mario de Moraes —
São Paulo: LTr, 2008.

Bibliografia
ISBN 978-85-361-1154-4

    1. Biografias — Século 20 2. Celebridades —
Brasil I. Título

08-02897   CDD-920.081

Índices para catálogo sistemático:

1. Brasil : Personalidades ilustres : Biografia :
    Coletâneas   920.081
2. Personalidades ilustres : Biografia :
    Coletâneas : Brasil   920.081

Projeto gráfico: *Sonia Maria de Moraes Pitombo*
Foto da capa: *Jânio Quadros, Oscar Niemeyer, Mário Lago, Santa Paulina*
Impressão: *Yangraf Gráfica e Editora*

© **Todos os direitos reservados**

LTr
EDITORA LTDA.

Rua Apa, 165 — Cep 01201-904 — fone (11) 3826-2788 — fax (11) 3826-9180
São Paulo, SP — Brasil — www.ltr.com.br

LTr 3658.0   Maio, 2008

ÍNDICE

Apresentação	5
Adhemar de Barros	7
Carmen Prudente	17
Cásper Libero	25
Charles Miller	31
Dorina Nowill	39
Éder Jofre	45
Euryclides de Jesus Zerbini	53
Francisco de Azevedo	59
Jânio Quadros	67
João Ribeiro de Barros — "Jahú"	77
Mário Lago	85
Oscar Niemeyer	97
Santa Paulina	105

APRESENTAÇÃO

Este é o sexto volume da série **Perfis** de brasileiros ilustres a quem devemos edificantes lições de vida.

Como nos volumes anteriores, trata-se de minibiografias de autoria do grande jornalista Mario de Moraes, que foi um dos nossos maiores repórteres e cuja farta e variada produção literária, não interrompida até hoje, inclui mais de 200 minibiografias.

O interesse com que a iniciativa foi recebida leva a LTr Editora a prosseguir nela, convencida da importância da divulgação de textos breves, bem escritos e bem apresentados graficamente, sobre homens e mulheres cuja existência merece atenção especial.

Além do interesse geral que decerto continuarão despertando, os **Perfis** contêm saudosas lembranças para pessoas de mais idade e sem dúvida servirão de exemplos para os jovens. Em ambos os casos a iniciativa se enquadra em programas voltados para esses dois grupos.

A letra do texto, um pouco maior do que de costume, não só torna a leitura fácil e cômoda, mas também permite avançar rapidamente nela e assim reforça o interesse por livros.

É animador verificar que parece estar havendo preocupação nesse sentido e até mesmo alguma iniciativa concreta. Acredito, então, que a LTr Editora passa ser considerada pioneira no tocante a esse inegável aperfeiçoamento da atividade editorial.

Celso Barroso Leite
Rio, abril, 2008

Adhemar de Barros

Adhemar de Barros fazia mesmo

Em política não há unanimidade. Por simpatia ou outro qualquer motivo, o eleitor gosta ou não gosta do candidato em quem vai votar. É claro que existem outras razões para ele ser eleito, mas a força do eleitorado é que pesa mais. O Congresso luta pela fidelidade partidária, porém o eleitor, na maioria das vezes, sabe o nome do candidato escolhido mas ignora a que partido ele pertence. Diferente, por exemplo, dos Estados Unidos, onde o eleitor é democrata ou republicano. E nesses dois partidos escolhe o candidato preferido.

No Brasil existem diversos exemplos de políticos que foram adorados por seus eleitores e atacados violentamente por seus adversários. Um bom exemplo foi Adhemar Pereira de Barros, nascido no dia 22 de abril de 1901 na cidade paulista de Piracicaba. Oriundo de uma das mais tradicionais famílias de cafeicultores de São Manuel, município do interior do Estado de São Paulo, desde logo demonstrou ser uma pessoa comprometida com o futuro. De início seu desejo era tornar-se médico. Para tanto, ingressou em 1923 na Escola Nacional de Medicina – hoje pertencente à Universidade Federal do Rio de Janeiro –, formando-se com distinção. Mas não lhe bastava bacharelar-se em Medicina. O jovem Adhemar queria voar mais alto. Para isso fez especialização no carioca Instituto Oswaldo Cruz, de onde viajou para os Estados Unidos, a fim de aprimorar-se cada vez mais na sua profissão. A seguir fez residência médica em diversas capitais européias.

Em 1926 voltou ao Brasil e no ano seguinte casou-se com Leonor Mendes de Barros, que haveria de acompanhá-lo nos bons e maus momentos da sua atribulada vida e lhe daria quatro filhos. Embora clinicasse até 1932, a política já corria em seu sangue e Adhemar de Barros entrou para as fileiras da Revolução Constitucionalista daquele ano, imbuído de forte patriotismo como a maioria dos jovens da época. O movimento, no entanto, foi derrotado e ele teve que asilar-se no Paraguai. Adhemar de Barros, no entanto, não era homem de ficar sossegado e alistou-se como médico na Guerra do Chaco (conflito armado entre a Bolívia e o Paraguai, que durou de 1932 a 1935, com um saldo terrível de 60 mil mortos bolivianos e 30 mil paraguaios. O Paraguai ganhou a guerra e anexou parte do território em litígio), onde colecionou diversos e leais amigos, que ele, quando no poder ajudou, não só homenageando-os como conseguindo-lhes pensões para se manterem.

De volta ao Brasil foi eleito deputado estadual constituinte em 1934 pelo Partido Republicano Paulista, funcionando na forte oposição ao então governador Armando de Sales Oliveira.

Getúlio e o Estado Novo

As relações políticas de Adhemar de Barros com Getúlio Vargas foram sempre muito tumultuadas. Logo depois que implantou o Estado Novo no Brasil – que lhe dava poderes ditatoriais –, Getúlio nomeou Adhemar de Barros interventor federal no Estado de São Paulo, com as mesmas funções de governador. Adhemar ocupou o cargo de 27 de abril de 1938 a 4 de junho de 1941. Um administrador como poucos, seria enfadonho enumerar todas e importantes obras que Adhemar realizou nesse período. Entre elas começou as da Rodovia Anhangüera, o Aeroporto de Congonhas, a retificação do rio Tietê, iniciou a construção do Hospital das Clínicas da Universidade de São Paulo, levantou o Estádio do Pacaembu – para tanto contando com o necessário apoio do prefeito Prestes Maia – e construiu e entregou Interlagos, o primeiro autódromo brasileiro.

Em 1941 seus inimigos o acusaram de corrupção e Getúlio o demitiu. Lutando pela sua inocência, Adhemar de Barros apelou em 1946 para o Tribunal de Contas do Estado de São Paulo e conseguiu provar sua inocência. Nesse mesmo ano foi promulgada a nova Constituição e terminou o Estado Novo, podendo ser criados novos partidos políticos. Adhemar de Barros fundou, então, o Partido Social Progressista (PSP), que terminou constituindo-se no maior partido de São Paulo de 1946 a 1964, inaugurando diretórios em todos os municípios paulistas.

Vieram as eleições para governador de São Paulo e Adhemar de Barros foi eleito, ocupando o cargo de 14 de março de 1947 a 6 de junho de 1951, aproveitando para concluir muitas obras que iniciara ao tempo de interventor, como as rodovias Anhangüera e Anchieta. Adhemar de Barros tinha um lema: "São Paulo não pode parar". Lema este que, anos mais tarde, foi copiado por Paulo Maluf. Seus adversários, para desmoralizá-lo, espalharam que o lema era "Adhemar rouba mas faz", esquecidos de que um experimentado político como ele nunca inventaria uma frase tão deprimente. Ela, no entanto, o prejudicou bastante.

Arregaçando as mangas e usando seus tradicionais suspensórios, Adhemar de Barros inaugurou diversas obras imprescindíveis para São Paulo, como o Plano Hidrelétrico do Estado, base da sua infra-estrutura energética, e criou o Ceasa (Centrais de Abastecimento de Campinas S.A.), para distribuição de alimentos, até hoje um exemplo para entidades do gênero. Não descurando da área cultural, em 1948 inaugurou o MASP (Museu de Arte de São Paulo) e, em 1950, a TV Tupi, a primeira emissora de tevê do nosso país.

Entre suas atividades voltadas para o bem público, nesse período, cabe destacar a criação, em 1948, do salário-família para o funcionário público estadual. Adhemar fez muito mais naqueles anos, como a criação da primeira Polícia Ambiental da América do Sul e da Polícia Rodoviária paulista, inicialmente composta por 60 ex-pracinhas da FEB.

Apesar do que Getúlio lhe fizera, teve papel preponderante politicamente, em 1950, para a eleição de Vargas a presidente da República.

Terminado o seu mandato como governador, embora enfrentando forte oposição, Adhemar de Barros conseguiu fazer do engenheiro Lucas Nogueira Garcez seu sucessor. Este governou São Paulo de 1951 a 1955. Mas como em política nem sempre apoios passados têm valor futuro, Garcez rompeu politicamente com Adhemar, deixando de apoiá-lo na sua tentativa de voltar ao governo de São Paulo nas eleições de 1954, vencidas por Jânio Quadros.

A política do faz mesmo

Em 1955 Adhemar de Barros, acreditando no seu poder político, candidatou-se à presidência da

República pelo PSP, mas enfrentou um fortíssimo adversário, Juscelino Kubitschek, que o derrotou.

Conformado, voltou a candidatar-se, dessa vez a prefeito da cidade de São Paulo, sendo eleito para o período de 1957 a 1961, sucedendo a Vladimir de Toledo Piza. A situação financeira da prefeitura estava muito ruim, além de haver um número excessivo de funcionários. Novamente Adhemar de Barros colocou tudo em ordem, não só equilibrando as finanças da cidade como demitindo os barnabés que viviam de "papo pro ar".

Sua meta, no entanto, era a presidência da República. Por isso voltou a candidatar-se nas eleições de 1960, depois de licenciar-se do cargo de prefeito. E teve o desprazer de encontrar novamente pela frente Jânio Quadros, que foi eleito naquela da "vassourinha". Adhemar chegou em terceiro lugar, com 20% dos votos válidos. Seu *slogan* na campanha era "por onde passar a energia elétrica, passarão o transporte, o médico e o livro".

Com a renúncia inesperada de Jânio, quem devia ocupar o seu lugar era o vice-presidente João Goulart, mas a corrente contrária, principalmente dos militares, foi muito forte. Adhemar de Barros, no entanto, mesmo sabendo que enfrentaria forças poderosas, foi um dos poucos políticos a ter coragem de defender a posse de João Goulart.

Em 1962 Adhemar de Barros concorreu ao governo de São Paulo e foi eleito, sucedendo a Carvalho Pinto e ocupando o cargo de 31 de janeiro de 1963 a 6 de junho de 1966. Sempre muito ativo, nesse período dedicou-se a fundar hospitais, sanatórios e hidrelétricas, além de muitas outras e importantes obras, como o projeto básico do metrô de São Paulo e o início da construção, em 1965, da maior usina hidrelétrica paulista, a Usina Hidrelétrica da Ilha Solteira.

Muito polêmico e não raramente contraditório, Adhemar de Barros, que defendera a posse de Jango, participou com afinco da conspiração que terminou na Revolução de 1964, liderando em São Paulo a Marcha da Família com Deus pela Liberdade.

A ditadura militar, no entanto, implantada no País, não levou isso em conta e o general Castelo Branco, o primeiro presidente imposto ao povo brasileiro, em 6 de junho de 1966 o afastou do governo de São Paulo e cassou seus direitos políticos por dez anos, acusando-o de corrupto e confiscando-lhe todas as condecorações que recebera.

O golpe foi forte demais e Adhemar de Barros resolveu exilar-se em Paris, onde faleceu em 12 de março de 1969, tendo seu corpo sido transferido para a cidade de São Paulo e enterrado no Cemitério da Consolação.

Fofocas e folclore

Existem muitas fofocas relacionadas a Adhemar de Barros, sendo de todas a mais divulgada a que ele tinha uma amante e, quando ela telefonava para ele, para despistar aqueles que estavam na sala do Palácio dos Bandeirantes, dizia alto e em bom som: "Como vai, doutor Rui?" Dr. Rui, é claro, era a amante desconhecida. Quem garante isso é o escritor e jornalista investigativo Percival de Souza.

O folclore a seu respeito não é menor. Segundo o programador e jornalista Paulo Silveira, este fato aconteceu num comício em Bauru (SP), quando, discursando num palanque, em frente a uma grande platéia, Adhemar bateu no bolso da calça e exclamou: "Nesse bolso nunca entrou dinheiro do povo." E um gaiato gritou lá do fundo: "Está de calça nova, governador?"

O jornalista Mário Carvalho de Araújo conta que em São José dos Campos (SP), num comício, Adhemar de Barros viu, na multidão, um homem encostado numa árvore fumando um charuto. Ele desceu do palanque, foi até o desconhecido e ambos passaram a fumar o mesmo charuto.

Mesmo após seu falecimento, Adhemar de Barros foi envolvido num escândalo. Aconteceu que no dia 18 de junho de 1969, elementos do grupo guerrilheiro VAR-Palmares assaltaram uma casa no Rio de Janeiro que, segundo os bens informados, pertencia ao ex-governador de São Paulo. Ali foram roubar um cofre pesadíssimo que guardaria enorme fortuna. A residência era de Ana Capriglione, que afirmavam ter sido secretária e amante de Adhemar. Este caso nunca foi devidamente esclarecido, mas o fato ficou conhecido como o "Caso do Cofre do Adhemar".

Uma das facetas pouco conhecidas de Adhemar de Barros é que ele, além de político atuante, foi um empresário de sucesso. Entre outros negócios, proprietário da fábrica de chocolates Lacta, que criou produtos até hoje bem conhecidos, como os bombons Sonho de Valsa, Diamante Negro e Bis. Após sua morte seus filhos venderam a empresa para a Kraft Foods.

Carmen Prudente

A humanitária luta contra o câncer

No dia 3 de dezembro de 2007 a Associação Brasileira de Cuidados Paliativos, que completava dez anos de atividades, e a Sociedade Brasileira de Oncologia Clínica Regional de São Paulo realizaram a entrega do V Prêmio Carmen Prudente. O evento aconteceu no Teatro FECAP, na Avenida da Liberdade, 532 (SP).

Na ocasião, como das outras vezes, foram homenageadas pessoas que no último ano se destacaram de diversas formas no combate ao câncer. Segundo a Dra. Nice Yamaguchi, presidente da ABCP e da SBOC-SP, os homenageados se destacaram na luta contra o câncer, auxiliando na disseminação de informações sobre a prevenção e combate precoce da doença. De acordo com a Dra. Yamaguchi, o que elas têm em comum é o fato de inspirar e sensibilizar a opinião científica e pública, minimizando o impacto e o preconceito contra a enfermidade. "Estas pessoas trabalham pela diminuição do estigma da doença, combatendo, assim, o câncer propriamente dito", declarou a Dra. Yamaguchi.

Dessa vez um dos homenageados foi o cantor Dominguinhos, que sofre de câncer do pulmão e apresentou, com outros artistas, um show beneficente.

Nas homenagens anteriores, entre os que receberam o prêmio encontravam-se Ana Maria Braga, Dercy Gonçalves, a Fundação Roberto Marinho e José Gomes Temporão.

Infelizmente, poucos leitores devem saber quem foi Carmen Prudente, que dá nome ao prêmio. No Brasil existem mulheres caridosas como ela que, apesar do muito que fizeram em favor dos seus semelhantes, só são conhecidas no meio em que trabalham. Além disso, Carmen Prudente detestava promover-se.

Nascida no Natal

A gaúcha Carmen Annes Dias Prudente nasceu em 25 de dezembro de 1911 em Porto Alegre, filha de Carolina Castilhos de Revoredo e do médico Heitor Annes Dias. Carmen fez apenas os estudos básicos, mas dedicou-se sozinha a aprender novos idiomas, tornando-se poliglota. Seu pai foi convidado para lecionar na antiga Faculdade de Medicina do Rio de Janeiro, mudando-se para essa cidade com a família. Carmen era muito chegada ao pai e o assessorava em suas viagens. Numa dessas ocasiões, quando o acompanhou a um congresso de Medicina na Alemanha, conheceu Antônio Prudente de Moraes, médico da Faculdade de Medicina da Universidade de São Paulo, por quem se apaixonou e com quem se casou em 1938.

O casal foi morar na capital de São Paulo, onde Carmen empregou-se como inspetora federal de ensino do Colégio Pasteur. Enquanto isso seu marido funcionava na Associação Paulista de Combate ao Câncer (APCC), que ele havia fundado quatro anos antes, destinada a arrecadar fundos para diagnósticos, tratamentos e pesquisas relacionadas ao câncer.

Muito interessada no trabalho humanitário do esposo, Carmen Prudente criou a Rede Feminina de Combate ao Câncer (RFCC), convidando várias amigas para ajudarem como voluntárias. Em 1953 seu marido fundou o Hospital A. C. Camargo, mais conhecido como Hospital do Câncer, que ele passou a administrar, representando a APCC. O nome do hospital foi uma homenagem ao médico clínico-cirurgião e professor da USP Antônio Cândido de Camargo, falecido em 1947, e destina-se a atender todos os enfermos, independentemente de sua condição financeira.

Carmen aceita o desafio

Lutando tenazmente contra o preconceito, Carmen e suas companheiras aos poucos foram ampliando a

RFCC mediante fundos e donativos, além de conseguirem que várias empresas lhes fornecessem toda sorte de materiais e alimentos.

A fatalidade, no entanto, atingiu Carmen Prudente em 1965, ano em que seu marido faleceu. Obstinada como poucos, em vez de desanimar, Carmen assumiu a direção do hospital, fazendo uma administração das mais competentes e humanas, com visitas diárias aos pacientes. Em 1973 a entidade passou a chamar-se Fundação Antônio Prudente, reunindo hospitais, uma escola, um clube para pacientes até 18 anos de idade e a própria Rede Feminina de Combate ao Câncer, que continua de pé até hoje graças ao trabalho de voluntários.

Mesmo afastada da direção da entidade, Carmen Prudente sempre procurou estar presente quando necessário, participando dos problemas administrativos da entidade, até se afastar dela em 1980, mas não deixou de fazer campanhas para obtenção de fundos para a RFCC e para o hospital.

Com apoio da Prefeitura Municipal de São Paulo, Carmen criou a Escola Especializada Schwester Heine (médico alemão que criou em seu país uma escola semelhante) no setor de pediatria do Hospital do Câncer, destinada a atender crianças e adolescentes vítimas de neoplasias, permitindo assim que eles continuem estudando enquanto se tratam. A jornalista Sandra Manfredini, numa reportagem sobre a Escola escreveu: "Assim como seus pequenos pacientes, as 14 professoras (12 da Prefeitura e duas do Estado) se esforçam diariamente para evitar que os pacientes mirins em tratamento hospitalar percam o ano letivo. Elas acompanham o aprendizado das crianças e dos jovens, orientam nas tarefas e até aplicam provas, enviadas pelas escolas de origem. Porém, mais do que evitar a repetência, a Escola tem o papel fundamental de proporcionar a socialização e também a elevação da auto-estima."

Desde que foi fundada essa escola especializada – a primeira criada dentro de um hospital no Brasil – já atendeu, em seus 24 anos de existência, milhares de crianças, em média cerca de 500 anualmente. A Schwester Heine ocupa atualmente três ambientes no hospital – internação, brinquedoteca e Laboratório Lavoisier – e tornou-se uma referência no País, passando a orientar projetos semelhantes realizados em vários estados.

Os profissionais dessa unidade também não se esquecem do entretenimento, preparando todos os anos animadas festas no Dia da Criança e no Natal. Os petizes e adolescentes também se divertem muito nos passeios programados para museus, eventos culturais e visita a sítios e fazendas na zona rural.

A mulher do ano

Em 1980 Carmen Prudente foi eleita por unanimidade, no Brasil e na Itália, a "Mulher do Ano", recebendo o prestigiado Prêmio Saint-Vincent, a honraria mais alta do jornalismo italiano.

Carmen faleceu no Rio de Janeiro no dia 3 de junho de 2001, aos 89 anos, depois de dedicar quase toda a sua vida à prevenção e combate ao câncer. Segundo depoimento de uma das suas voluntárias, ela adorava visitar a enfermaria das crianças, que a amavam, e brincar com elas um bom tempo. E muitas vezes saía dali diretamente para o escritório de algum empresário abonado, a fim de solicitar donativos para o hospital.

Quando do seu falecimento, entre os que lembraram a luta constante de Carmen Prudente é digno de registro o pronunciamento do deputado Moreira Ferreira, na sessão da Câmara dos Deputados de São Paulo de 19 de junho de 2001. Depois de enaltecer o trabalho da homenageada, o parlamentar lembrou que a criação do Hospital do Câncer fora "um sonho partilhado com o marido, o médico Antônio Prudente, que se tornou um dos maiores oncologistas brasileiros, despertou na esposa o interesse em relação ao problema crucial do câncer e ao lado dela, por muitos anos, desenvolveu incansável trabalho de relevante cunho humanitário (...) Ao longo de quarenta e oito anos de inestimável contribuição à saúde da população e à formação de profissionais da mais alta qualificação, o Hospital se tornou a própria referência no tratamento da doença no País. A despeito do elevado número de casos avançados que aportam àquela unidade, ela ostenta índice médio de cura da ordem de 66% – que sobe para 70% se restrito ao contingente infantil –, número comparável ao que se verifica nos melhores centros internacionais de câncer. Carmen Prudente também participou de numerosos congressos de cancerologia no Brasil e no exterior e deixou livros publicados, como narrativas de viagens que realizou a vários países, além de diversos trabalhos publicados em jornais. Carmen Prudente inventou o galardão "Caranguejo", jóia confeccionada como incentivo às voluntárias presidentes de unidades da Rede Feminina de Combate ao Câncer e que é passada a cada ano àquela que se destacou na arrecadação de contribuições para manutenção da obra".

A pós-graduação em Oncologia da Fundação Antônio Prudente foi considerada por duas vezes (em 2004 e 2007) a melhor do país em Medicina, segundo avaliação da Capes (Coordenação de Aperfeiçoamento de Pessoal de Nível Superior – Ministério da Educação).

Cásper Libero

Jornalista acima de tudo

A Imprensa brasileira deve muito a diversos empresários que, pensando grande, a fizeram crescer e tornar-se uma das melhores do mundo. Um desses vencedores, inegavelmente, foi Cásper Libero. Nascido na cidade de Bragança Paulista (SP) em 2 de março de 1889, aos 20 anos, após formar-se advogado na Faculdade de Direito do Largo de São Francisco (SP), já sabia o que desejava da vida, passando a trabalhar como jornalista. Dois anos mais tarde, certo de que esse era o seu futuro, fundou no Rio de Janeiro o jornal "Última Hora". Não satisfeito com isso, um ano depois montou a Agência Americana de Notícias, a primeira do gênero no Estado de São Paulo.

Aos 29, já considerado um empresário de sucesso, tornou-se proprietário e diretor do vespertino "A Gazeta". Fundado por Adolfo Campos de Araújo, esse jornal circulara pela primeira vez em 16 de maio de 1906. Em 1918 foi adquirido por Cásper Libero, que o transformou num diário moderno e um dos mais importantes órgãos de imprensa do Brasil. Com larga visão do futuro, Cásper Libero importou modernas rotativas alemãs, passou a trabalhar com o teletipo e deu novo impulso a diversas áreas do jornal, como a gravura, a composição e a impressão gráfica (a primeira em cores em nosso país). Compreendendo a importância da rápida chegada do diário às mãos dos leitores, montou um serviço de entrega melhor do que todos até então existentes. Com isso tornou "A Gazeta" o jornal preferido dos paulistanos.

Era necessário, porém, ter uma sede que fizesse jus ao seu grandioso empreendimento. Daí que, em 1939, instalou-se no edifício que viria a ser conhecido como "Palácio da Imprensa", na então chamada Rua da Conceição (atual Avenida Cásper Libero). Era o primeiro prédio em São Paulo que servia exclusivamente a um jornal.

Dando-se conta da importância que os leitores de "A Gazeta" atribuíam aos esportes, principalmente ao futebol, criou um suplemento, "A Gazeta Esportiva" (que bateu recordes de tiragem durante a realização da Copa do Mundo de Futebol de 1970 no México, vencida pelo Brasil), destinado a esse fim. E numa vitoriosa campanha de promoção idealizou a Corrida de São Silvestre.

Não esquecendo os petizes, destinou-lhes um suplemento, "A Gazeta Infantil", com textos para crianças e histórias em quadrinhos.

Cásper Libero interessava-se pela política do seu país e sempre esteve na linha de frente em defesa da democracia. Em 1932 foi porta-voz da Revolução Constitucionalista.

O testamento de Cásper Libero

Cásper Libero faleceu no dia 27 de agosto de 1943, no Rio de Janeiro, vítima de um desastre de avião. Na ocasião também morreu o então arcebispo de São Paulo, Dom José Gaspar d'Afonseca e Silva. Como herança Cásper Libero deixou um imenso complexo de comunicação, que continuou vitorioso mediante uma fundação.

Tendo como objetivo ações culturais e jornalísticas, a Fundação Cásper Libero não tem nenhuma finalidade lucrativa. Com um patrimônio composto por um edifício de 14 andares, com 68.000 metros de área construída, nele estão instaladas as Rádios AM/FM, a Faculdade de Jornalismo, a Rede Gazeta de Televisão (a TV Gazeta foi inaugurada em 25 de janeiro de 1970, data do aniversário da cidade de São Paulo) e os jornais "A Gazeta" e "A Gazeta Esportiva" (hoje gazetaesportiva.net).

Sem esquecer outros tipos de atividades culturais, a Fundação Cásper Libero também abriga em seu edifício um teatro com capacidade para 900 pessoas.

Da elite para o povo em geral

Na década de 40 Cásper Libero adquiriu a Rádio Educadora, rebatizando-a como Rádio Gazeta. Ela iniciou suas transmissões em 15 de março de 1943, ano em que faleceu seu proprietário. De início a Rádio Gazeta destinava-se a um seleto grupo de ouvintes, admiradores da música clássica, chegando a ser apelidada de "Emissora de Elite". Com espetáculos transmitidos diretamente do auditório da emissora, a alta sociedade paulistana disputava os ingressos para os eventos ali realizados. Com o passar dos anos, no entanto, sua programação foi sendo modificada, não só para atender a um maior número de ouvintes, como para agradar a outras camadas da população. O esporte e as notícias, a partir de 1963, ganharam tempo na sua programação. Atualmente a Gazeta FM tem a maior potência de transmissão de São Paulo e é voltada principalmente para o público jovem.

Muito antes do seu falecimento Cásper Libero já planejava a criação de uma Faculdade de Jornalismo e isso ele fizera questão de constar do seu testamento. No dia 16 de maio de 1947 seu sonho tornou-se realidade, com a inauguração da Escola de Ensino Superior de Jornalismo, a primeira da América Latina.

Em razão de seu sucesso, em 1972 ela passou a ser Faculdade de Comunicação Social Cásper Libero, criando os cursos de Relações Públicas, Publicidade e Propaganda. Graças à intensa procura por outras atividades, em 2002 a Faculdade inaugurou os cursos de Rádio e TV e, em 2003, o de Graduação em Turismo.

Suas publicações laboratoriais, de alta qualidade, vêm recebendo inúmeros prêmios e seu corpo docente é um dos melhores do País, o que é comprovado pela existência de diversos diretores de jornais, revistas, rádios e tevês que se graduaram na Cásper Libero.

Ajuda aos menos favorecidos

A Fundação Cásper Libero não esqueceu os menos privilegiados. Para tanto montou o Grupo de Cidadania Empresarial, iniciativa da direção e dos funcionários, que objetiva oferecer assistência a entidades voltadas para a filantropia e a grupos sociais carentes.

Charles Miller

Amor pelo futebol

Aquele brasileiro muito branco, alto e magro, criado na Inglaterra, quando desembarcou em 1894 no Brasil nunca poderia imaginar a influência que teria para o esporte no País, devido a duas bolas de futebol que trazia debaixo dos braços.

Seu nome era Charles William Miller.

John Miller, seu pai, era escocês, mas sua mãe era brasileira, com ascendência inglesa, chamada Carlota Fox. Charles nasceu no bairro paulistano do Brás, na Rua Monsenhor Andrade, na época um lugar de gente abastada. De tanto ouvir os avós e os pais falarem no Império Britânico, o ainda menino apaixonou-se por essa então potência européia.

Por isso foi com imensa alegria que ele viajou para a Inglaterra aos 10 anos de idade, ansiando por conhecer todo o imenso domínio de um império que ia do Oceano Pacífico ao Índico, iniciando nas geleiras de Hudson Bay, no Canadá, e indo até as distantes Índia, Austrália e Polinésia. Quando Charles desembarcou em Southampton, no extremo sul das

Ilhas Britânicas, o guri não cabia em si de contente. Era como se tivesse realizado um sonho há muito acalentado.

Vivia-se a Revolução Industrial e a Grã-Bretanha exportava sua experiência para todo o mundo, como a construção de ferrovias e a tecnologia do gás a coque. Os jovens ingleses, orgulhosos do seu país, procuravam descarregar sua energia nos esportes, praticando críquete, tênis, hóquei, rúgbi, badminton e outros esportes menos populares. O futebol, na Inglaterra conhecido como "association", além de já estar consolidado no Reino Unido, ia aos poucos tomando o lugar dos demais esportes e granjeando a simpatia dos jovens.

Nasce a Liga Inglesa de Futebol

Charles Miller estudava na Banister Court School e desde logo demonstrou que havia nascido para a prática do futebol. Além de muito ágil e veloz, ele chutava forte com os dois pés.

Em 1846 representantes de seis universidades (Cambridge, Elton, Oxford, Harrow, Westminster e Winchester) haviam se reunido para padronizar as regras do futebol. Em 1863, numa reunião na Freenason's Tavern, em Londres, um dos presentes sugeriu que deviam fundar a Liga Inglesa de Futebol. Nove anos mais tarde foi realizada a primeira Copa da Inglaterra, vencida pelo time do Wanderers.

Enquanto isso o menino Charles Miller, cada vez mais apaixonado pelo futebol, mal podia, na escola, aguardar a hora do recreio, quando jogava animadas peladas. Segundo o escritor inglês Dave Jason, a escola onde Charles estudava era ideal para ele, uma vez que fazia sucesso na categoria adulta da liga de futebol de Hampshire. Seu time possuía ótimos jogadores, sendo formado por professores e ex-alunos.

Um ano depois da chegada do menino Charles Miller à Inglaterra foi fundado o St. Mary's Football Club, que tempos depois trocou o nome para Southampton F. C. Em 1891 o St. Mary's inscreveu-se para disputar a Taça da Inglaterra. Sentindo que seu time era muito fraco, incapaz de disputar de igual para igual com os adversários, o St. Mary's procurou convocar bons jogadores.

Por essa época Charles Miller estava com 17 anos e já era considerado um craque. Por isso foi chamado para atuar pelo St. Mary's. E jogou pela primeira vez por esse time contra o time do Exército da Divisão de Aldershot. Embora Charles Miller tenha atuado muito bem, marcando o único gol do seu time, eles perderam por 3 a 1. Na temporada de 1893/1894 Charles jogou 34 partidas pela Banister School. E comprovando sua excelente qualidade de artilheiro, marcou 51 gols. Atuando por outros clubes ingleses, ora como titular, ora como convidado, Charles sempre deixou sua marca no arco adversário.

Volta ao Brasil

Charles Miller chegou de volta ao Brasil no dia 18 de fevereiro de 1894, para trabalhar na São Paulo Railway Company (mais tarde rebatizada como Estrada de Ferro Santos-Jundiaí), ao mesmo tempo que era correspondente da Coroa Britânica em nosso país, além de vice-cônsul inglês em 1904.

Ele estava presente na primeira partida de futebol realizada em nosso país no dia 14 de abril de 1895, na Várzea do Carmo (SP), entre o São Paulo Railway e a Companhia de Gás, vencida pelo primeiro por 4 a 2.

Charles Miller continuava apaixonado pelo futebol, esporte que ele desejava expandir por todo o Brasil. Foi assim que, ao lado de alguns companheiros, liderou a montagem do time do São Paulo Athletic Club (SPAC) e ajudou a fundar a Liga Paulista de Futebol, a primeira a ser organizada em nosso país. Considerado o melhor artilheiro do SPAC, foi o maior responsável pelos títulos paulistas de 1902, 1903 e 1904. Em 1910 resolveu, de forma surpreendente, abandonar a carreira de jogador e tornar-se árbitro de futebol.

Charles Miller combatia tenazmente a profissionalização, acreditando que ela destruiria o futebol. Para ele, os jogadores deviam atuar por amor ao clube e não por dinheiro. O Corinthians da Inglaterra foi um dos últimos clubes a aceitar o profissionalismo no Reino Unido. Existem algumas curiosidades em relação a esse clube. A principal delas era nunca agredir o adversário, nem receber qualquer espécie de prêmio ou recompensa. Tempos depois isso teve que ser revogado, a fim de que o Corinthians pudesse participar de jogos beneficentes e da Copa da Inglaterra. Havia uma restrição, no entanto, que custou a ser revogada e hoje parece piada. Quando o jogador adversário fosse bater um pênalti feito pelo goleiro, este tinha que ficar estático. A falta máxima foi introduzida no futebol em 1891 e a explicação para essa inusitada atitude, criada pelas autoridades esportivas inglesas, é que o goleiro devia ser condenado por ter recorrido a uma infração às regras do futebol.

Propagando o futebol no Brasil

Charles Miller foi quase tudo no futebol, atuando como jogador, árbitro e dirigente desde o princípio da sua carreira, restringindo-se no final apenas às duas últimas atividades. Ele era um esportista nato. Ao mesmo tempo em que propagava o futebol em nosso país, fundava a Associação Paulista de Tênis e divertia-se jogando golfe.

Todos os cronistas esportivos que o viram jogar e mais tarde escreveram a respeito garantem que Charles Miller podia ser equiparado a outros monstros sagrados daquela época, como Arthur Friedenreich, Belfort Duarte, Luís Fabi e Hans Nobiling.

Quando Charles Miller voltou ao Brasil, em 1894, estava certo de que aqui o futebol tinha a mesma popularidade da Inglaterra e outras nações européias. Além das duas bolas, na sua mala vinham uma bomba e agulha para inflá-las, bem como dois uniformes dos times que havia defendido. Quando percebeu que em nosso país não havia nenhuma organização em torno do futebol, Charles Miller passou a difundi-lo entre a colônia inglesa e, mais tarde, entre os brasileiros, a quem ensinava todos os truques de um bom jogador. Uma de suas jogadas características, a de driblar com a parte de trás da chuteira, foi batizada de "charles", mais tarde rebatizada como "chaleira".

Charles Miller faleceu no dia 30 de junho de 1953, aos 59 anos de idade, em sua casa no bairro paulistano de Jardim América, deixando uma prole constituída de dois filhos, seis netos, onze bisnetos e seis tataranetos.

Foram escritas várias biografias de Charles Miller, mas a melhor delas, concordam os entendidos, é de autoria do historiador inglês John Mills, que traz detalhes inéditos da carreira desse apaixonado pelo esporte que trouxe para o Brasil o que hoje é considerado o melhor futebol do mundo.

Dorina Nowill

Vendo com o coração

É necessário muita força de vontade para enfrentar uma fatalidade que irá interferir definitivamente na nossa vida. Quando a jovem Dorina de Gouvêa Nowill, nascida em São Paulo em 1919, ficou cega aos 17 anos, devido a uma patologia ocular, a maioria das pessoas pensou que para ela o mundo viera abaixo. Dorina, no entanto, não quis aceitar a condição de incapaz e, mesmo sem a visão, resolveu continuar seus estudos.

Naquela época, no entanto, essa tarefa tornava-se muito difícil. Dorina aprendeu a ler pelo processo Braille, mas havia poucos livros para estudantes cegos. Sem esmorecer no seu afã de aprender cada vez mais, a decidida Dorina reuniu um grupo de voluntárias e criou, em 1946, a Fundação para o Livro do Cego no Brasil, destinada à educação, reabilitação, cultura e profissionalização de pessoas cegas ou com baixa visão, além de divulgar ensinamentos para prevenir a cegueira. Essa humanitária iniciativa foi tão reconhecida que a entidade terminou batizada, em 1991, com o nome de sua fundadora.

Hoje isso pode parecer coisa natural, mas não naquele tempo, cheio de restrições e preconceitos. Imbuída de muita coragem, Dorina foi matricular-se num colégio comum de São Paulo, próprio para estudantes com visão normal. Apesar das óbvias dificuldades que enfrentou, conseguiu formar-se professora na Escola Caetano de Campos. Era a primeira cega no Brasil a conseguir essa difícil façanha.

Em 1945, ainda como aluna, Dorina, apoiada por algumas colegas, conseguiu criar cursos de especialização para professores de cegos. Excelente aluna, dotada de invulgar inteligência, Dorina de Gouvêa Nowill obteve uma bolsa de estudos para os Estados Unidos, patrocinada pelo Governo americano, Fundação Americana para Cegos e Instituto Internacional de Educação, destinada a treiná-la em trabalhos voltados para os cegos.

Novamente no Brasil

De volta ao Brasil, Dorina passou a realizar um trabalho pioneiro, desenvolvendo as atividades da Fundação com o apoio não só de entidades governamentais de outros países como do Governo e de empresários brasileiros.

Preocupada com a falta de livros em Braille, Dorina conseguiu implantar em São Paulo a primeira gráfica destinada a esse tipo de publicações.

Lembrando-se do seu exemplo, com o sucesso obtido, Dorina criou e administrou na Secretaria de Educação de São Paulo o primeiro Serviço Especial para Educação Integrada de Alunos Cegos na Escola Comum.

Desde 1946 presidiu a Fundação Dorina Nowill para Cegos, atualmente ocupando o cargo de presidente emérita e vitalícia da entidade. Quando o Ministério da Educação, Cultura e Desportos, existente no período de 1953 a 1970, verificou a precariedade da educação dos cegos no Brasil, criou um órgão nacional destinado a esse fim. Sua presidência foi entregue a Dorina de Gouvêa Nowill.

Batalhando como nunca em defesa das pessoas sem visão, durante essa gestão Dorina realizou programas e projetos que implantaram serviços para cegos nos diversos estados brasileiros e criou cursos para professores com diversas especialidades voltadas para o ensino dos sem visão.

Reconhecida no exterior

Dorina destacou-se também no campo internacional, trabalhando não só com organizações estrangeiras como com órgãos da Organização das Nações Unidas (ONU), o que a fez ser sempre a representante oficial do Brasil junto a essa organização. Foi uma das fundadoras do Conselho Mundial para o Bem-

Estar dos Cegos (hoje União Mundial dos Cegos), tendo sido a primeira mulher a assumir a sua presidência. Dorina foi uma das responsáveis pela criação da União Latino Americana de Cegos (ULAC).

Atuou na Organização Internacional do Trabalho (OIT) da entidade pela aprovação da Convenção 159 e da Recomendação 168, que, graças ao seu esforço, foram ratificadas pelo governo brasileiro e transformadas em lei em 1991, beneficiando os cegos na área do trabalho.

Foram muito elogiadas as suas campanhas, não só no Brasil como no Exterior, voltadas para a prevenção da cegueira. É imensa a lista de especialistas em oftalmologia que trabalharam com Dorina, podendo-se destacar os nomes dos doutores Hilton Rocha, José Mendonça de Barros, José Carlos Reis, Moacir Álvaro, Newton Kara José, Renato Toledo e muitos outros.

Ainda graças ao trabalho da professora Dorina junto à Organização Mundial da Saúde (OMS) e ao governo brasileiro, foi criado em São Paulo o primeiro Centro Colaborador de Prevenção da Cegueira no Brasil, que faz parte da Secretaria de Saúde daquele estado (Serviço de Oftalmologia Sanitária).

É inestimável a contribuição de Dorina para a impressão de livros em Braille. Desde a inauguração da gráfica especializada ela já produziu mais de mil títulos (100 mil volumes) e atendeu a mais de 10 mil pessoas.

O trabalho da professora Dorina de Gouvêa Nowill vem sendo reconhecido em todo o mundo, mediante prêmios, condecorações, títulos, comendas etc.

Casada com Edward Hubert Alexandre Nowill, Dorina, hoje com 89 anos, é mãe de cinco filhos e 12 netos. E escreveu um primoroso livro sobre o problema da cegueira intitulado "... e eu venci assim mesmo", onde ela, de forma autobiográfica, relata seus cinqüenta anos de trabalho. A obra foi publicada em 1996.

Éder Jofre

Um verdadeiro galo de briga

Basta ler o seu cartel (78 lutas, 72 vitórias, 30 por nocaute, 4 empates e 2 derrotas) e incluir os títulos que ele ganhou (campeão da Forja de Campeões, amador, em 1953; campeão Brasileiro dos galos, em 1958; campeão Sul-americano dos galos, em 1960; campeão Mundial da AMB (Associação Mundial de Boxe) dos galos, em 1960; campeão Unificado (títulos pelas federações americanas e européias) dos galos, em 1962, e campeão Mundial dos penas pelo CMB (Conselho Mundial de Boxe), em 1973, e acrescentar que as duas derrotas por pontos foram polêmicas, com *experts* no esporte afirmando que Éder Jofre merecia ter vencido, e se terá um retrato de corpo inteiro do maior lutador de boxe do Brasil de todos os tempos.

Também conhecido como "Galinho de Ouro", o vegetariano Éder Jofre nasceu em São Paulo no dia 26 de março de 1936. Pertencente a uma vitoriosa família de boxeadores do bairro paulistano do Peruche, desde cedo acostumou-se a assistir a lutas de boxe, terminando por escolher a falada "nobre arte" como o esporte que desejava praticar. Seu pai, Aristides *Kid* Jofre, considerado um excelente lutador, formou-se em educação física e optou por fundar uma academia, bem em frente a sua casa, para ensinar boxe. Ele aprovou a escolha da carreira futura do filho e procurou passar-lhe tudo que sabia sobre como nocautear o adversário. Além do pai, Éder herdara o amor ao boxe por intermédio de sua mãe, Angelina Zumbano, irmã de Irgilio Zumbano, outro bom lutador, que fazia parte de uma família de boxeadores. Dos sete irmãos de Angelina, apenas um não calçou luvas. Foi Zumbano quem apresentou Kid Jofre a Angelina, com quem ele acabou casando e tendo quatro filhos. Aos seis anos de idade o pequenino Éder já era levantado pelo pai, a fim de alcançar o saco de pancadas e ensaiar seus primeiros e inofensivos murros. Numa longa e ótima entrevista concedida por Éder Jofre em novembro de 2007 ele relembra:

– Entre uma aula e outra, eu costumava brincar com meu pai. Calçávamos as luvas e ele colocava uma mão na frente do fígado e outra protegendo o tórax. Eu ficava batendo nas mãos dele. Logo peguei o jeito e comecei a treinar com a garotada da academia.

Éder começou aos 17 anos na categoria "peso mosca" e manteve-se invicto até 1956, quando passou a "peso galo". Sua primeira luta nessa categoria aconteceu no torneio Forja de Campeões, patrocinado pelo jornal "A Gazeta Esportiva". Éder também representou o Brasil no campeonato latino-americano de Montevidéu, Uruguai, e em 1956 participou dos Jogos Olímpicos de Melbourne, na Austrália. Todos o consideravam favorito na sua categoria, uma vez que até então não perdera uma só luta. A desorganização da chefia brasileira, no entanto, botou tudo a perder, contratando para treiná-lo o brasileiro Celestino Pinto, um lutador não só mais experiente como bem maior e mais forte que Éder. Conseqüência: o brutamontes, num golpe infeliz, quebrou-lhe o nariz.

– Fiquei com o nariz inchado e tampado e mal conseguia respirar pela boca por causa do protetor bucal. Por isso acabei cansando muito rápido durante a luta – justificou-se Éder.

Isso abalou bastante o jovem brasileiro, que subiu ao ringue em más condições físicas. Mesmo assim chegou às quartas-de-final, sendo eliminado pelo chileno Cláudio Barrientos em seu segundo combate. Apesar disso, o jovem Éder declararia mais tarde:

– Foi uma emoção muito grande representar meu país em uma Olimpíada. No boxe temos à nossa frente um adversário do mesmo peso, com técnica e preparo físico que só vamos conhecer na hora que soar o gongo. É uma emoção a mais.

Em 1957, não encontrando mais adversários amadores que pudessem vencê-lo, resolveu profissionalizar-se como "peso galo". Não demorou um ano para tornar-se campeão brasileiro. De vitória em vitória, em 1960 subiu mais um degrau, conquistando o título sul-americano da categoria.

As contestadas derrotas

Já conhecido internacionalmente, fazendo parte da classificação mundial da *World Boxing Association,* Éder Jofre era forte candidato ao título mundial da categoria. Antes, porém, tinha que lutar e ganhar do mexicano Joe Medel. No dia 18 de agosto de 1960 realizou-se o ansiado combate. Kid havia prevenido o filho de que Joe era um adversário muito técnico e pegador, mas ele estava ali, no *córner* de Éder, para dar-lhe as necessárias instruções. O combate começou com vantagem para Medel.

Foram dez sofridos assaltos. No final do nono *round* Éder conseguiu atingir Medel, mas o gongo salvou o mexicano de um possível nocaute. Jofre detestava sentar no banquinho no intervalo dos assaltos, mas daquela vez, exausto e com forte dor no fígado, ele sentou.

– Pela primeira vez na minha carreira, olhei para o meu pai e disse: "Pai, não agüento mais, não consigo respirar, estou muito cansado." Nunca vou esquecer as palavras do meu pai: "Éder, olha para o público, a sua mãe está ali no canto torcendo por você, o povo brasileiro está esperando esta vitória! Vai e derruba ele que ele sentiu seu golpe!" Quando olhei para Medel, ele estava de pé e pulando no outro *córner* – lembra sorridente Éder. Mais animado ele pensou "Sou brasileiro, sou Éder Jofre e vou vencer esta luta."

E acabou mesmo ganhando por nocaute. Agora faltava lutar pelo título mundial, cujo dono do cinturão era o mexicano Eloy Sanchez. E o jovem lutador brasileiro conquistou o almejado título ao derrotar Sánchez por nocaute no sexto assalto.

Em 1961 mudou-se para os Estados Unidos e nesse ano conquistou o título mundial dos pesos galo pela *National Boxing Association*. Um ano depois unificou os títulos dos galos ao vencer o irlandês Johnny Caldwell, tornando-se o único campeão mundial na categoria. Manteve-se invicto até 17 de maio de 1965, quando perdeu o título por pontos, em Nagoya, no Japão, para Masahiko *Fighting* Harada. Os juízes deram a vitória para Harada, após 15 violentos assaltos. O resultado da luta foi muito contestado, a maioria dos críticos de boxe achando que Éder Jofre fora passado para trás. As reclamações pareciam ter razão de ser, já que Éder Jofre defendera o título sete vezes consecutivas, vencendo todas as lutas por nocaute. Em 1966 ele pediu revanche e novamente, desta vez em Tóquio, foi derrotado por Harada. E novamente o combate criou uma polêmica, os entendidos no assunto considerando o lutador brasileiro vencedor.

Desiludido, Éder Jofre resolveu abandonar o boxe. Mas a saudade do ringue foi maior e em 1969 resolveu voltar, agora na categoria "peso pena": 25 lutas, 25 vitórias. Entre elas Éder venceu o fortíssimo Rudy Corona por nocaute no sexto *round*, num combate realizado em São Paulo. No dia 5 de maio de 1973 enfrentou o cubano naturalizado espanhol José Legra e o venceu por pontos, voltando a ser campeão mundial. A luta foi realizada em Brasília e a vitória tornou Éder novamente campeão mundial em uma categoria superior à do começo da sua carreira. Éder continuou lutando por mais três anos, vencendo todos os combates. Após o falecimento do seu irmão Dogalberto, em 1976, e de seu pai no ano seguinte, Éder Jofre resolveu se aposentar. E perdeu o título porque não o colocou em jogo dentro do prazo estipulado.

Profissionalmente, passou a lutar em forma de exibição. Metendo-se na política, foi eleito três vezes vereador por São Paulo.

Hoje em dia, além de comentar lutas de boxe na televisão, Éder dá aulas de boxe numa sofisticada academia paulistana. Entre seus alunos, diversos empresários, atores e modelos.

Foram muitas e justas as homenagens e prêmios concedidos a Éder Jofre. Em 1963 ganhou o prêmio de melhor peso galo do mundo; o Conselho Mundial de Boxe (CMB) o homenageou como o melhor peso galo de todos os tempos; a imprensa da República Dominicana o elegeu o melhor em sua categoria na América Latina; foi criado o Troféu Éder Jofre para os melhores boxeadores peso galo e em 1992 foi indicado para o "Hall da Fama" do boxe. Em 2002 a mais conhecida e famosa revista dedicada ao boxe, "The Ring", editada nos Estados Unidos, o considerou o nono melhor pugilista dos últimos 50 anos, concorrendo com monstros sagrados como Sugar Ray Robinson, Cassius *Marcellus* Clay Jr. (que quando converteu-se ao islamismo passou a chamar-se Muhammad Ali-Haj), Júlio César Chavez, Sugar Ray Leonard, Roberto Duran e Carlos Monzón.

A título de informação, Cassius Clay aceitou o credo islâmico depois que, já campeão mundial de boxe, foi vítima de um injusto ato de preconceito racial, sendo barrado num restaurante, nos Estados Unidos, por ser negro. Na ocasião ele pegou a medalha de campeão e atirou-a ao mar.

Euryclides de Jesus Zerbini

O mestre do coração

Em dezembro de 1967 um médico sul-africano, Christian Barnard, surpreendeu o mundo científico ao anunciar que fizera um transplante de coração inter-humanos. Um sonho há muito acalentado pelos cirurgiões cardíacos tornava-se realidade, iniciando uma nova era na luta pela sobrevivência. No Brasil a repercussão do extraordinário feito não foi menor, mas em 26 de maio de 1968, apenas cinco meses depois, o cirurgião brasileiro Euryclides de Jesus Zerbini e sua equipe fizeram o primeiro transplante cardíaco na América Latina e o quinto no mundo, demonstrando os avanços tecnológicos da cirurgia entre nós. Zerbini fora aluno de Barnard nos Estados Unidos e assimilara perfeitamente suas lições.

Atualmente essa operação, que causou a maior surpresa quando foi realizada pela primeira vez, vem sendo feita por cirurgiões especializados em todos os países que têm meios para isso. Segundo o cirurgião cardíaco Noedir Stolf, do Instituto do Coração (Incor), de São Paulo, ela só deve ser efetuada em último caso, quando o enfermo cardíaco não tiver mesmo mais nenhum recurso clínico para salvar-se. Cada vez mais aperfeiçoada, a cirurgia não deixa de envolver fatores de risco, como infecções e possibilidade de o novo coração implantado ser rejeitado pela pessoa operada. Apesar desses fatores negativos, o índice de sobrevivência vem aumentando com o passar dos anos. Numa entrevista realizada pelo jornalista Dante Grecco, o Dr. Noedir informou que, com as cada vez melhores condições para a realização desse tipo de cirurgia, o risco do paciente falecer "é de 80% durante um ano ou mais. Com o passar do tempo, é claro, esse índice vai se reduzindo, até chegar a cerca de 50% de chance de o transplantado sobreviver ao longo de dez anos ou mais."

Muitos podem achar que é pouco tempo, mas é bom lembrar que os transplantados estavam à beira da morte e sentem-se felizes por ficarem vivos mais alguns meses ou até anos.

Zerbini foi o iniciador

Atualmente fazem-se transplantes de quase todos os órgãos humanos, a maior dificuldade sendo a falta de doadores. Zerbini sempre acompanhou a evolução das técnicas de transplantes de órgãos humanos e isto lhe valeu em diversas ocasiões provar sua capacidade cirúrgica. Em 1942, quando dava plantão no serviço de urgência de um hospital ele foi chamado às pressas para atender um menino de sete anos que tinha um estilhaço de ferro dentro do peito. Vendo que não havia outra solução, o Dr. Zerbini abriu o coração da criança e religou sua artéria coronária, salvando a vida do garoto. Foi um grande feito, que fez Zerbini compreender que devia especializar-se em cirurgia torácica. Para tanto ele viajou para os Estados Unidos, onde estudou com Barnard.

Um cirurgião especializado

Euryclides de Jesus Zerbini nasceu em Guaratinguetá (SP) no dia 10 de maio de 1912, formando-se em Medicina em 1935 e especializando-se em cirurgia geral. Na época operar o coração constituía um desafio para todos os cirurgiões.

Certo da especialidade que escolhera, a partir de 1950 o Dr. Zerbini iniciou suas experiências cirúrgicas intracardíacas fechadas. Professor da Universidade de São Paulo, criou o Centro de Cirurgia Cardíaca, que mais tarde se transformaria no Instituto do Coração, conhecido mundialmente.

Animado com os resultados positivos do seu trabalho, em 1957 Zerbini e sua equipe passaram a realizar as primeiras cirurgias cardíacas com circulação extracorpórea. Aproveitando o espaço existente nos porões do Hospital das Clínicas (SP), ele instalou ali uma oficina experimental. E foi nela que produziu artesanalmente máquinas que faziam a circulação e oxigenação do sangue para fora do corpo durante as cirurgias.

Ao realizar no Brasil o primeiro transplante do coração, Zerbini e sua equipe ficaram famosos internacionalmente e a mídia lhes deu grande e justa cobertura. Para o competente cirurgião, no entanto, a façanha fora mais uma entre tantas que ele obtivera em toda a sua dedicada vida profissional.

Zerbini tinha um sonho: construir um hospital dedicado exclusivamente à sua especialidade. E ele se realizou em 1975, com a construção, em São Paulo, do Instituto do Coração (INCOR), cujo padrão de qualidade é reconhecido em todo o mundo. Pouco depois foi criada a Fundação Zerbini para o Desenvolvimento da Bio-Engenharia, que passou a dar suporte técnico ao INCOR.

Atualmente existem diversas nações que importam a nossa tecnologia. Como o sucesso dos transplantes cardíacos não foi o esperado, eles foram suspensos em 1969. Mas com a descoberta da *ciclosporina*, uma droga capaz de evitar a rejeição do órgão transplantado, voltaram a ser realizados em 1980.

Zerbini, no entanto, batalhou até o fim e em 1985, aos 73 anos de idade, foi o primeiro cirurgião a realizar um transplante de coração num paciente vítima do mal de Chagas.

A classe médica brasileira sempre o valorizou, aplaudindo seus assombrosos feitos em relação à cirurgia cardíaca. Nos seus 58 anos de carreira, Zerbini recebeu 125 títulos honoríficos e numerosas homenagens de governos de todo o mundo; participou de 314 congressos médicos e realizou, pessoalmente ou por intermédio de sua equipe, mais de quarenta mil cirurgias cardíacas. Segundo suas próprias palavras, "Operar é divertido, é uma arte, é ciência e faz bem aos outros."

Trabalhando até o fim

Euryclides de Jesus Zerbini faleceu aos 81 anos de idade, no dia 23 de outubro de 1993. Até às vésperas de sua morte participou de diversas conferências, fez algumas palestras e continuou operando.

Zerbini, em seus 58 anos de atividade, formou, direta ou indiretamente, todos os especialistas em cirurgia cardíaca que atuam no Brasil. Em 1983, um ano antes do seu falecimento, foi criada a Associação dos Discípulos de Zerbini, cujos membros reúnem-se anualmente para discutir trabalhos científicos e homenagear o ex-professor.

Francisco de Azevedo

Uma máquina polêmica

Não deve existir mais nenhum jornalista que viveu o tempo em que os profissionais da imprensa enchiam laudas e mais laudas de papel escritas à mão, quase sempre a lápis. Quando surgiram as primeiras máquinas de escrever nas redações, muitos não se adaptaram a elas e terminaram se aposentando ou procurando outro tipo de trabalho.

Os tabeliães redigiam os documentos com suas longas penas de ganso.

As primeiras máquinas eram enormes e pesadas, mas já constituíam um grande avanço. Aos poucos elas foram sendo aperfeiçoadas até chegarem às elétricas, que pareciam ser o fim do caminho. Mas surgiram os computadores, com todas as suas vantagens, e as máquinas, por mais modernas que fossem, foram relegadas a segundo plano. De quando em quando elas surgem em locais inadequados, causando surpresa. Como recentemente lemos numa crônica de jornal em que uma repórter, cujo carro fora roubado por dois assaltantes armados, foi à mais próxima delegacia policial registrar a queixa e assistiu ao escrivão batê-la numa velha e antiquada máquina de escrever. "Parecia um objeto pré-histórico", ironizou ela.

Esse *lead* foi escrito para chegar ao Perfil do padre paraibano Francisco João de Azevedo, o verdadeiro criador da máquina de escrever. Segundo um especialista no tema, o jurista e escritor paulista Ataliba Nogueira, que em 1962 escreveu a mais completa biografia de Francisco João, intitulada "A Máquina de Escrever, Invento Brasileiro", em certo trecho da sua obra ele pondera: "Em vão se procurará o nome de Francisco João de Azevedo na história da máquina de escrever escrita por estrangeiros. Se o inventor brasileiro é desconhecido na sua pátria, onde apenas vagamente existe a memória do seu feito na consciência popular, não é sem razão que o ignore completamente o historiador peregrino, mais preocupado com as glórias da sua nação."

Motivo de uma longa reportagem do jornal "O Estado de S. Paulo", de 27 de julho de 1980, escrita pelos jornalistas Pedro Zan, Paulo Morais e Raimundo Aquino, de onde retiramos muitos subsídios para este texto, Francisco João de Azevedo faleceu em 1888, tentando inutilmente até o fim dos seus dias patentear o seu invento. A máquina, como é óbvio, era das mais rudimentares e o sacerdote, com muito empenho e criatividade conseguiu construí-la de madeira, com auxílio de um canivete e uma lixa. São numerosas e de diversas nacionalidades pessoas que reivindicam a criação da primeira máquina de escrever, mas os que se aprofundaram no estudo desse fato acreditam que ninguém tira os louros do padre paraibano, já que ele construiu, em 1861, um protótipo funcional capaz de ser produzido em escala industrial.

Ataliba Nogueira lembra que outros inventores apresentaram seus protótipos antes do padre brasileiro, mas "nenhum pôde ser industrializado, pois para tanto não se prestavam". Com os planos da máquina desenhados em algumas folhas de papel, o pároco brasileiro trabalhou muitos meses para conseguir concretizá-los. As letras ele recortou dos jornais, colocando-as nas teclas, cuidadosamente aparadas com canivete. Como importante testemunha do seu invento, contava com o amigo Aloísio de Carvalho, médico e antigo presidente da Intendência do Rio de Janeiro. E foi a este que ele confidenciou: "Resolvidos todos os problemas técnicos, não é uma grande revolução que faço no mundo, a de escrever por máquina? Mas que quer, meu amigo, não terei esse gosto. Não tenho dinheiro nem quem me queira emprestar para levar meu invento à Europa e fundi-lo em aço."

Apropriação indébita

Quanto à criação da máquina de escrever existem duas versões. Em 1873 três americanos declararam ter recebido autorização para produzi-la nos Estados Unidos em escala industrial. A máquina que apresentaram era bem semelhante à de Francisco João. Eles menosprezaram o invento do padre brasileiro, afirmando que não passava de uma simples peça de artesanato.

Conceituados historiadores, no entanto, garantem que Francisco João, impossibilitado de levar avante a industrialização do seu invento, entregara o modelo a empresários norte-americanos e ingleses. E estes simplesmente roubaram o seu invento.

Logo, logo os industriais americanos e europeus, depois de aperfeiçoarem a máquina de Francisco João, inundaram o mercado com diversos tipos, que passaram a ser utilizados por datilógrafos, secretárias e auxiliares de escritório. O mais prejudicado no caso foi o professor Edison D. Franco, responsável pela única escola de caligrafia do País. É óbvio que, com o advento da máquina de escrever, os estudantes foram se adaptando ao novo invento e deixando de lado a forma bonita de escrever. É de Edison Franco o desabafo naquela ocasião: "Com o surgimento das máquinas, as escolas de caligrafia tendem a desaparecer. As pessoas passaram a achar que fazer curso de caligrafia é coisa supérflua. Mas no passado escrever com clareza era uma necessidade. Acredito, porém, que mecanizar o ato de escrever, facilitando a reprodução gráfica, não significa a completa extinção das escolas de caligrafia."

Ele estava enganado.

Professor de Matemática e inventor

Voltemos ao Perfil do padre Francisco João de Azevedo, nascido na sede da capitania da Paraíba do Norte em 1814 e falecido em 26 de julho de1880 na Paraíba, aos 66 anos de idade. Professor de Matemática do Arsenal de Marinha do Rio de Janeiro, descendente de uma família de mecânicos, não é difícil entender porque Francisco João, um homem dos mais obstinados, resolveu construir a máquina de escrever, cujo protótipo apresentou na Exposição Agrícola e Industrial de Pernambuco, em 1861, e na Exposição Nacional do Rio de Janeiro, em fins do mesmo ano, sendo premiado com a medalha de ouro, entregue solenemente por D. Pedro II. A máquina devia ser exibida na Exposição Internacional, a ser realizada em Londres, mas sua ida foi suspensa sob a alegação de que ela não caberia no estande do Brasil. Chegou-se a pensar que essa atitude foi motivada pelo receio dos empresários ingleses que já estavam de olho no invento de Francisco João.

É incrível, mas muitos achavam que a máquina de escrever era um instrumento desnecessário. "Ora essa, então por que foi que Nosso Senhor deu os dedos à gente, senão para escrever com eles mesmos?" debochou o folclorista alagoano Estevão Pinto, ao ver o protótipo da máquina de escrever de Francisco João.

Mas os gozadores terminaram mudando de opinião depois que Francisco João de Azevedo ganhou a medalha de ouro, vencendo peças apresentadas por inventores da maioria dos estados brasileiros. Ataliba Nogueira em seu livro informa que "A máquina de escrever do padre Azevedo precedeu de 12 anos o primeiro engenho industrializado, a máquina norte-americana. A máquina pode ter sido transferida para o Exterior contra a vontade de seu inventor, ou alguém ter se apropriado de seus segredos, transferindo-os para outro país."

O ambientalista paranaense Miguel Milano, que também escreveu uma biografia de João Francisco de Azevedo, declarou que "o simples confronto entre as duas máquinas (a brasileira e a americana de Cristóvão Sholes) não deixou a menor dúvida de que se tratava da mesma máquina. Nem o pedal lhe foi suprimido, apesar de perfeitamente disponível."

Os jornalistas e escritores americanos resolveram ignorar Francisco João, como se ele nunca tivesse existido. O inventor brasileiro, entretanto, não quis envolver-se numa polêmica internacional. Ele aguardou até 1872, onze anos depois da Exposição Nacional, para que a Assembléia Provincial lhe concedesse um empréstimo para poder levar avante a industrialização do seu invento, mas ele não lhe foi concedido. Agora não havia tempo para mais nada. Os fabricantes americanos tinham patenteado a sua máquina e, em 1873, a colocaram no mercado, com muito sucesso de vendas.

Depois do seu falecimento pouco restou sobre Francisco João de Azevedo. Ele tornou-se nome de rua, de loja maçônica e de uma escola de datilografia em João Pessoa, cidade onde nasceu. No Recife, onde viveu boa parte da sua vida e onde se ordenou padre, é totalmente ignorado pelos museus. Atualmente, nos estados de Pernambuco e Paraíba só os estudiosos sabem que ele inventou a máquina de escrever. A maioria das citações sobre Francisco João de Azevedo só são encontradas em livros. Outra de suas biografias, escrita pelo genealogista paraibano Sebastião de Azevedo Bastos, diz que "a glória não lhe veio em vida, mas muito tempo depois de sua morte. Vivo, tudo conspirava contra ele."

Na Paraíba nem sua sepultura pode ser localizada. Segundo o historiador paraibano Desdedith Leitão há uma explicação para isso: "Naquela época, costumavam enterrar as pessoas em valas comuns, de difícil identificação posterior."

Triste fim para um homem empreendedor e talentoso.

Jânio Quadros

Varre, varre, vassourinha!

"Fui vencido pela reação e assim deixo o governo. Nestes sete meses cumpri o meu dever. Tenho-o cumprido dia e noite, trabalhando infatigavelmente, sem prevenções nem rancores. Mas baldaram-se os meus esforços para conduzir esta nação no caminho de sua verdadeira libertação política e econômica, a única que possibilitaria o progresso efetivo e a justiça social, a que tem direito o seu generoso povo.

Desejei um Brasil para os brasileiros, afrontando, nesse sonho, a corrupção, a mentira e a covardia que subordinam interesses gerais aos apetites e às ambições de grupos ou de indivíduos, inclusive do Exterior. Sinto-me, porém, esmagado. Forças terríveis levantam-se contra mim e me intrigam ou infamam, até com a desculpa de colaboração.

Se permanecesse, não manteria a confiança e a tranqüilidade, ora quebradas, indispensáveis ao exercício da minha autoridade. Creio mesmo que não manteria a própria paz pública.

Encerro, assim, com o pensamento voltado para a nossa gente, para os estudantes, para os operários, para a grande família do Brasil, esta página da minha vida e da vida nacional. A mim não falta a coragem da renúncia.

Saio com um agradecimento e um apelo. O agradecimento é aos companheiros que comigo lutaram e me sustentaram dentro e fora do governo e, de forma especial, às Forças Armadas, cuja conduta exemplar, em todos os instantes, proclamo nesta oportunidade. O apelo é no sentido da ordem, do congraçamento, do respeito e da estima de cada um dos meus patrícios, para todos e de todos para cada um.

Somente assim seremos dignos deste país e do mundo. Somente assim seremos dignos de nossa herança e da nossa predestinação cristã. Retorno agora ao meu trabalho de advogado e professor. Trabalharemos todos. Há muitas formas de servir nossa pátria.

Brasília, 25 de agosto de 1961.
Jânio Quadros."

Uma renúncia inexplicada

Segundo a versão mais aceita o impacto que Jânio Quadros, então presidente do Brasil, desejava com a sua carta de renúncia não foi o que ele esperava. Em primeiro lugar porque as Forças Armadas ficaram temerosas de entregar o governo da nação ao vice João Goulart, como seria correto. Acreditando que Jango iria impor suas idéias de esquerda, os militares ficaram mais preocupados com quem assumiria a presidência do que com quem havia saído. Os piquetes para que ele voltasse, possivelmente comandados por estudantes e operários, não aconteceram e o ex-presidente foi praticamente esquecido. O intuito óbvio da sua carta foi um tiro n'água.

Jânio da Silva Quadros nasceu em Campo Grande, no estado de Mato Grosso (hoje Mato Grosso do Sul), no dia 25 de janeiro de 1917. Sua infância e juventude, no entanto, passou-as na capital paulista, no bairro da Vila Maria, que se transformou no seu maior reduto eleitoral. Décimo-sétimo presidente do Brasil, governou o país apenas de 31 de janeiro de 1961 a 25 de agosto de 1961. Sua atribulada e contraditória vida política, no entanto, por meio de uma bem bolada campanha, levou-o à presidência.

Formado em Direito pela Universidade de São Paulo, Jânio deu aulas de Português no tradicional Colégio Dante Alighieri. Seus alunos ainda vivos testemunham que ele era um ótimo mestre. Resolvendo aproveitar sua condição de advogado, passou a lecionar Direito Processual Penal na Faculdade de Direito da Universidade Presbiteriana Mackenzie.

Em 1947 disputou uma vaga de vereador na cidade de São Paulo pelo Partido Democrata Cristão (PDC), sendo eleito suplente. A sorte, porém, o ajudou, quando o então presidente Eurico Gaspar Dutra mandou cassar os mandatos de todos os parlamentares eleitos pelo Partido Comunista Brasileiro (PCB). Criada a vaga, Jânio assumiu a vereança na Câmara Municipal. Seu mandato durou de 1948 a 1950 e ele foi apontado como o mais efetivo vereador, com a maior parte de suas propostas e projetos visando à classe trabalhadora. Graças ao seu reconhecido trabalho em favor dos seus eleitores, cumpriu o mandato de deputado estadual mais votado de 1951 a 1953.

O caminho político estava aberto e Jânio caminhou resolutamente por ele. Eleito prefeito da cidade de São Paulo, comandou-a de 1953 a 1954. Em 1955 pediu demissão do cargo para candidatar-se a governador. O candidato favorito era Adhemar de Barros, seu maior inimigo, mas Jânio levou a melhor. Ganhou pela margem mínima de 1% dos votos. Divulgando que cumpriria seu mandato combatendo a corrupção e moralizando a administração pública, conseguiu granjear a confiança dos eleitores. Além de voltar-se para grandes obras, como a construção do Complexo Penitenciário do Carandiru, ficaram famosas suas "visitas-supresas", não só aos locais das obras como às repartições públicas. Muito funcionário, pegado no *dolce far niente* em horário de trabalho, foi demitido. Jânio governou São Paulo de 1955 a 1959.

A meta era a presidência

Ninguém ignorava que seu objetivo maior era a presidência da República. Por isso em 1958 candidatou-se e foi eleito deputado federal pelo estado do Paraná, sendo de todos o mais votado. Mas surpreendeu seus eleitores não tomando posse do cargo.

Jânio compreendeu que estava na hora de candidatar-se à presidência da República e o fez pelo Partido Democrata Cristão (PDC), com o apoio da União Democrática Nacional (UDN). Muito bem assessorado, criaram para ele um *jingle* de campanha dos mais populares, o "Varre, varre, vassourinha, varre a corrupção". Seus eleitores cantavam entusiasmados: "Varre, varre, varre, varre vassourinha / varre, varre a bandalheira / que o povo já ta cansado / de sofrer dessa maneira / Jânio Quadros é a esperança desse povo abandonado!" E ele passou a apresentar-se com o *slogan* "o homem do tostão contra o milhão", querendo dizer que era um candidato pobre enfrentando adversários milionários.

Jânio foi eleito presidente no dia 3 de outubro de 1960, para o mandato de 1961 a 1966, com 5,6 milhões de votos, a maior votação no Brasil até aquela data. Seu adversário era o marechal Henrique Lott, derrotado por uma diferença assombrosa de mais de dois milhões de votos. Na chapa de Jânio o vice era Milton Campos, mas quem foi eleito foi João Goulart, pelo Partido Trabalhista Brasileiro. Naquela época votava-se separadamente para presidente e vice. Logo, logo o povo criou uma chapa conhecida como *Jan-Jan*.

Jânio Quadros já vinha há muito surpreendendo toda a classe política, uma vez que não tinha nenhum dos predicados que o fizessem eleger-se presidente da República. Pobre, antipático, sem apoio de um forte grupo econômico, não comandava nenhum órgão de divulgação nem fora ajudado pelos Estados Unidos ou pela União Soviética. Por que, então, tantos votaram nele?

Num certo trecho do livro "A Renúncia", do historiador Hélio Silva, este tenta explicar o fenômeno: "Jânio trazia em si e em sua mensagem algo que tinha que se realizar. E que excedia, até mesmo excedeu, sua capacidade de realização... Todo um conjunto de valores e uma conjugação de interesses somavam-se em suas iniciativas e aliavam-se, nas resistências que encontrou. Analisada, a renúncia não tem explicação. Ou melhor, nenhuma das explicações que lhe foram dadas satisfaz."

O povo brasileiro ansiava por uma profunda reforma, capaz de acabar com a corrupção que grassava nos meios políticos e levar o Brasil ao patamar de nação desenvolvida. Conservador e anticomunista, Jânio Quadros prometia isso e muito mais. Inclusive transformar o país numa verdadeira democracia sem inflação.

Sucedendo a Juscelino na presidência, Jânio tomou posse no dia 31 de janeiro de 1961, tendo a solenidade sido realizada pela primeira vez em Brasília. Nos sete meses que ele governou, modificou totalmente as políticas externa e interna do País. Entre outras atitudes, apoiou a Cuba de Fidel Castro e voltou seus olhos para as exportações brasileiras para a África, que pareciam bem promissoras.

Voltando ao livro "A Renúncia", escreve Hélio Silva: "Foi em seu governo, breve mas meteórico, que se firmaram diretrizes tão avançadas que, muitos anos passados, voltamos a elas sem possibilidade real de desconhecer as motivações que as inspiraram."

Governando de forma inusitada, Jânio comunicava-se com seus ministros e assessores por meio de bilhetes, que logo foram batizados como os "bilhetinhos de Jânio". Com isso ele procurava quebrar a demorada burocracia existente e obrigava os destinatários a cumprir imediatamente as ordens recebidas. Seus adversários debochavam dessa forma de conduzir os destinos de uma nação, mas a verdade é que os "bilhetinhos" funcionavam.

Jânio também era partidário dos factóides, que o mantinham sempre em evidência na mídia. Foi assim quando ele proibiu as brigas de galos, o uso do biquíni nos concursos de *miss*, o lança-perfume em bailes de Carnaval, e tratou de regulamentar o jogo.

Algumas de suas atitudes, no entanto, eram elogiáveis, como aquela voltada para a política internacional, o Brasil passando a estabelecer relações comerciais e diplomáticas com todas as nações que concordassem com um intercâmbio pacífico com nosso país.

Uma tumultuada condecoração

Um dos fatos que mais chocaram os conservadores, notadamente as Forças Armadas, aconteceu no dia 19 de agosto de 1961, quando, em pleno palácio, em Brasília, Jânio condecorou o ministro Ernesto *Che* Guevara, braço-direito de Fidel Castro, com a Grã-Cruz da Ordem Nacional do Cruzeiro do Sul. Jânio explicou à imprensa que tomara aquela atitude em agradecimento por Guevara ter atendido ao seu apelo de libertar mais de vinte sacerdotes presos em Cuba e, em vez de fuzilá-los, exilá-los para a Espanha.

A repercussão desse ato foi muito maior do que a esperada, levando à insubordinação da oficialidade do Batalhão de Guardas, que se recusava a formar em frente ao Palácio do Planalto, para a execução dos hinos brasileiro e cubano. A turma da oposição e parte da mídia também voltaram suas baterias contra o presidente. Militares graduados ameaçavam devolver suas condecorações. Para piorar ainda mais as coisas, o polêmico Carlos Lacerda, governador do então Estado da Guanabara, antes a favor de Jânio, mas agora seu inimigo político, em um gesto afrontoso entregou a chave do estado a Manuel Verona, diretor da Frente Revolucionária Democrática Cubana, entidade de oposição ao governo cubano, que estava visitando o Brasil em busca de apoio político.

Jânio Quadros vinha enfrentando uma oposição comandada por verdadeiros peso-pesados, como Carlos Lacerda, Roberto Marinho, Júlio de Mesquita Filho, e pelo arcebispo do Rio de Janeiro Dom Jaime de Barros Câmara. A tese que eles defendiam era que Jânio Quadros estava levando o Brasil para o comunismo. O que não era exatamente a verdade, uma vez que o presidente combatia os movimentos de esquerda, boa parte deles comandada por Jango Goulart. Algumas de suas medidas, no entanto, vinham desgostando seus eleitores. Entre elas a do congelamento de salários, a restrição ao crédito e o combate à especulação. Acresce que, cada vez mais, Jânio perdia o apoio do Congresso.

Daí a sua renúncia, que nunca foi bem explicada.

O breve período em que Jânio Quadros cumpriu o mandato de presidente do Brasil foi dos mais contraditórios. No que se refere à política interna mostrou-se conservador, combatendo a inflação, mas quanto à política externa aproximou-se de países de regime socialista e defendeu Cuba contra os Estados Unidos.

Em 1964 o regime militar cassou seus direitos políticos, porém, assim que pôde, ele retornou à vida política, no fim da década de 70. Em 1982 tentou eleger-se governador de São Paulo, mas não conseguiu. Saboreou sua última vitória política em 1985, sendo eleito prefeito de São Paulo.

Jânio Quadros faleceu em 16 de fevereiro de 1992, na capital paulista.

João Ribeiro de Barros — "Jahú"
Um herói de verdade

Nenhum brasileiro medianamente instruído ignora quem foi Santos Dumont, considerado o pai da aviação. Muito poucos, no entanto, sabem quem foi o piloto João Ribeiro de Barros, um autêntico herói. Homem de incrível coragem, enfrentou toda sorte de obstáculos e até sabotagem, mas conseguiu o que a maioria achava impossível: junto com mais três tripulantes, que acreditavam nele, realizou a primeira travessia aérea do Oceano Atlântico sem escalas.

Nascido na cidade paulista de Jaú em 4 de abril de 1900, João Ribeiro era filho de Sebastião Ribeiro de Barros e Margarida Ribeiro de Barros. Fez seus primeiros estudos no Ateneu Jauense, cursando o então chamado secundário (segundo grau hoje em dia) no Instituto de Ciências e Letras de São Paulo e ingressando a seguir na Universidade de São Paulo, onde cursou Direito durante dois anos. Sentindo que não seria um bom advogado, abandonou o curso e viajou para os Estados Unidos, onde passou a estudar engenharia mecânica.

Daí para formar-se piloto foi um pulo, já que voar era o seu sonho. No dia 21 de fevereiro de 1923 obteve o brevê internacional n. 88 da Liga Internacional dos Aviadores, sediada na França. E foi nesse país que João Ribeiro de Barros iniciou sua vitoriosa carreira de piloto. Desejando aperfeiçoar-se cada vez mais na arte de voar, João Ribeiro voltou aos Estados Unidos, onde se aperfeiçoou como piloto e navegador aéreo. Isso, porém, não era suficiente e ele viajou para a Alemanha, onde se tornou um exímio piloto em acrobacias aéreas.

Apresentou, então, às autoridades brasileiras um plano aparentemente irrealizável: partir da Itália num hidroavião e chegar ao Brasil sem utilizar ao longo da viagem o apoio de navios. Para João Ribeiro esse apoio não era necessário. Infelizmente não foi isso que pensaram os manda-chuvas da Aeronáutica do seu país, que se negaram a ajudá-lo.

É necessário lembrar que naquele tempo vários países disputavam a supremacia nos ares. Entre os mais importantes, Alemanha, França, Estados Unidos e Inglaterra. A negativa do governo brasileiro para apoiar o plano de João Ribeiro foi política, uma vez que as autoridades brasileiras não queriam indispor-se com o governo daquelas nações. O que forçosamente aconteceria se João Ribeiro de Barros tivesse êxito.

A João Ribeiro faltava o numerário necessário para bancar sozinho o seu sonho. Por isso ele só viu uma solução: vendeu sua herança aos irmãos e com o dinheiro obtido viajou para a Itália. Nesse país comprou uma aeronave *Savoia-Marchetti S.55* em péssimo estado. Com o auxílio do mecânico Vasco Cinquini conseguiu reformá-la o melhor possível, principalmente aumentando a sua velocidade e autonomia. O hidroavião, para surpresa dos seus amigos italianos, ficou quase novo. Aqui é bom lembrar que esse mesmo avião fracassara numa tentativa de voar da Itália ao Brasil sem escalas. Quem o pilotara na ocasião fora o conde Casagrande, apoiado pelo governo italiano. A tentativa terminou na cidade africana de Casablanca e a culpa recaiu no hidroavião, que foi julgado incapaz de tal façanha. O conde batizara o avião com o nome de "Alcione", mas depois que o comprou João Ribeiro de Barros o rebatizou como "Jahú" (com a ortografia da época), nome da cidade onde nascera.

João Ribeiro acreditava que podia fazer com o Jahú a travessia que fracassara com o conde Casagrande. O avião levantou vôo da cidade italiana de Gênova no dia 18 de outubro de 1926 com destino às ilhas de Cabo Verde, onde iniciaria a travessia do Atlântico.

Sabotagem criminosa

Mas quando já estava no ar João Ribeiro notou que havia algo anormal com a aeronave, obrigando-o a descer na cidade espanhola de Alicante. Depois de amerissar, verificou que estava com razão ao descobrir uma peça de bronze no *carter* do aparelho (hoje exposta no Museu da Aeronáutica), além de terem enchido o sistema de alimentação do motor com água, sabão e areia. João Ribeiro de Barros concluiu que a sabotagem fora feita na Itália, mas não descobriu por quem. Se ele não tivesse descido teria caído com o hidroavião.

Os problemas, porém, ainda não tinham terminado. Como descera em solo espanhol sem permissão, o governo ditatorial da Espanha de então mandou prendê-lo. Felizmente para João Ribeiro, o cônsul brasileiro naquele país intercedeu em seu favor e ele foi libertado. O Jahú novamente levantou vôo, mas apresentou o mesmo defeito e o valente piloto foi obrigado a fazer outra escala em Gibraltar, a fim de efetuar novos consertos. Mesmo se arriscando a uma pane, João Ribeiro seguiu para Cabo Verde, onde dispensou o co-piloto Arthur Cunha, com quem tivera um desentendimento.

Para azar de João Ribeiro ele contraiu malária e teve que ser hospitalizado. Foi nessa ocasião que recebeu um telegrama do governo brasileiro ordenando que ele desistisse de cruzar o Atlântico sem escalas. Dizia mais: João Ribeiro devia desmontar o aparelho, encaixotar as peças e enviá-las de navio para o Brasil. Furioso, principalmente porque não recebera nenhum auxílio do governo brasileiro, João Ribeiro respondeu ao presidente brasileiro com outro telegrama: *"Exmo Sr. Presidente. Cuide das obrigações do seu cargo e não se meta em assuntos dos quais vossa excelência não entende e para os quais não foi chamado. Assinado: Comandante Barros."*

Do Brasil João Ribeiro recebeu um telegrama de apoio de sua mãe: *"Aviador Barros. Aplaudimos sua atitude. Não desmontes o aparelho. Providenciaremos a continuação do reide, custe o que custar. Paralização do reide será fracasso. Asas do avião representam a bandeira brasileira. Assinado: Margarida Ribeiro de Barros."*

O presidente do Brasil na ocasião era Washington Luís.

João Ribeiro de Barros tinha uma mãe digna do seu heroísmo. E antes que eu me esqueça: a palavra *reide* referia-se, naquele tempo, às travessias aéreas transatlânticas. Preocupado com a situação de João Ribeiro, seu irmão Osório Ribeiro viajou para Cabo Verde acompanhado do oficial da Força Pública tenente João Negrão, que iria substituir o co-piloto dispensado. Osório ficou muito emocionado com o estado físico do mano que, após quatro crises de malária, estava bem magro e abatido.

João Ribeiro não desiste

João Ribeiro de Barros, no entanto, era um obstinado. No dia 28 de abril de 1927 levantou vôo da ilha de Santiago, em Cabo Verde, exatamente às 4h30 da manhã e, a bordo do Jahú, cruzou o Atlântico com seus três companheiros: João Negrão (co-piloto), Newton Braga (navegador) e Vasco Cinquini (mecânico), pousando vitorioso às 17 horas em Fernando de Noronha.

A viagem, porém, foi muito difícil, já que o Jahú, com um dos motores com defeito, enfrentou forte tempestade, com chuva grossa. Mesmo assim ele bateu o recorde de velocidade da travessia, que só foi superado muitos anos depois. Satisfeito com o êxito da sua façanha, João Ribeiro levantou vôo novamente e, partindo de Fernando de Noronha, foi pousando em várias cidades brasileiras (Natal, Recife, Salvador, Rio de Janeiro, Santos e São Paulo). Em todas elas os quatro tripulantes foram recebidos com festas e homenagens.

Agora todos acreditavam nele. Por isso, João Ribeiro de Barros viajou em 1929 para a França, onde comprou um grande avião Breguet. Com essa aeronave ele pretendia voar do Brasil para a Europa sem escalas. Com o mecânico Mendonça fez questão de acompanhar a montagem do avião.

A tristeza, no entanto, o alcançou e, no dia 7 de setembro daquele ano recebeu a notícia de que sua mãe havia falecido. Arrasado emocionalmente, enviou o Breguet desmontado para o Brasil. E no campo de aviação da Praia Grande, na cidade paulista de Santos, prestou uma homenagem à sua maior incentivadora, montando o aparelho e batizando-o com o nome de "Margarida".

Voou a seguir para o Rio de Janeiro, de onde pretendia partir do Campo dos Afonsos para a Europa. Pouco antes de levantar vôo, assistido por uma multidão entusiasmada, foi surpreendido por uma ordem das autoridades aeronáuticas brasileiras, que suspenderam o vôo. A razão era o início da Revolução de 1930. Inconformado, João Ribeiro de Barros resolveu fazer uma viagem marítima de volta ao mundo. Mas em 1932, em face das notícias que recebeu do Brasil, interrompeu a viagem e voltou a São Paulo para participar como voluntário da Revolução Constitucionalista. Tudo de valor que possuía, inclusive as medalhas de ouro que recebera por ter feito a travessia transatlântica de 1927, João Ribeiro doou à Revolução.

Getúlio Vargas não lhe perdoa e, em seu governo, manda prendê-lo em sua fazenda Irissanga, na cidade de Jaú. A acusação garantia que João Ribeiro, clandestinamente, vinha publicando um jornal contrário a Vargas. Mas não conseguiram provar nada contra ele e o libertaram logo depois.

A 20 de julho de 1947, em razão de uma grave enfermidade no fígado, causada pela malária, João Ribeiro de Barros veio a falecer em sua fazenda de Jaú. Sepultado no cemitério municipal, posteriormente seus restos mortais foram transferidos para a praça Siqueira Campos, na mesma cidade, sendo erigido, frente ao mausoléu, um monumento em sua homenagem.

Para terminar, é bom lembrar que João Ribeiro de Barros recebeu inúmeras homenagens e as mais importantes comendas, como a Legião de Honra, concedida pelo governo francês; a Cruz Gamada, a mais elevada condecoração dada a um civil pela Alemanha; a Comenda da Cruz de Malta, concedida pelo governo italiano; a de Sócio Honorário do Aeroclube do Brasil; e um telegrama de congratulações enviado por Santos Dumont.

Mário Lago

O polivalente Mário Lago

É lugar-comum dizer-se que o povo esquece rapidamente os seus ídolos. Felizmente, aqui no Brasil, diversos escritores e produtores de teatro vêm procurando preencher essa lacuna, lembrando, mediante livros, shows e peças teatrais, diversas e importantes personalidades que marcaram de forma indelével sua passagem pela vida.

Entre aqueles que não poderiam ser esquecidos está a figura de Mário Lago, que fez de tudo no campo intelectual, e sempre com sucesso. Mário atuou com brilhantismo no cinema, na literatura, na música e na televisão.

Depois do êxito do musical "Antônio Maria, a noite é uma criança" – focalizando outro excepcional personagem que também já saiu de cena – , o roteirista e ator Marcos França voltou-se para a pesquisa da vida de Mário Lago. O resultado não podia ter sido melhor, com o lançamento do musical "Ai, que saudades do Lago! – um olhar sobre a obra de Mário Lago", que noite após noite lotou o teatro do Centro Cultural Correios, no Rio de Janeiro, com aplauso unânime da crítica especializada, inclusive da rigorosa Bárbara Heliodora, de "O Globo". O primeiro contato de Marcos França com Mário Lago aconteceu em 1992, quando participou de uma homenagem ao compositor e poeta, declamando versos dele na Associação Atlética do Banco do Brasil (AABB) de Niterói (RJ).

A diretora do musical, Joana Lebreiro, declarou que "o homem que Mário Lago foi não pertence a uma época determinada. Sua relação com a vida, sua coerência política, a forma como atravessou o século atento a todas as coisas e registrando o que viu em forma de poesia e prosa poética, tudo isso é no mínimo fascinante."

Mais tarde o musical transferiu-se para o Teatro Glória (RJ), com a mesma direção (que foi, também, a do musical de Antônio Maria) e com um elenco formado pelo próprio Marcos França, Cláudia Ventura e Alexandre Dantas. O sucesso teve bis.

Tipicamente carioca, o musical sobre Mário Lago procura reviver o tempo e o modo de vida do multifacetado artista. Para os mais idosos é um prato cheio, já que ele lembra os tempos áureos das Rádios Nacional e Mayrink Veiga, nas décadas de 40 e 50. Recordarão, também, os antigos carnavais e o teatro de revista, com maior ênfase para o Teatro Recreio, na Praça Tiradentes (RJ). As histórias dessa época, algumas hilariantes, são narradas mediante muita música e humor.

O roteiro do musical apresenta Mário Lago de corpo inteiro: o boêmio, o ativista político, o ator, o compositor, o radialista, o poeta. Os diversos Mários não são interpretados por um único ator. Todos os do elenco apresentam os *causos* e as canções mais marcantes do focalizado. Há uma surpresa: a música inédita "Presença", que Mário Lago compôs para sua mulher Zeli.

Quem foi Mário Lago?

Para os mais novos, é imprescindível contar um pouco da vida de Mário Lago, que nasceu no Rio de Janeiro no dia 26 de novembro de 1911. Filho único do maestro Antônio Lago, desde cedo ele revelou sua tendência para as letras, publicando seu primeiro poema aos 15 anos. Formou-se em Ciências Jurídicas e Sociais na década de 30, na então Faculdade de Direito da Universidade do Rio de Janeiro (atual Faculdade de Direito da UFRJ), onde iniciou sua militância política no Centro Acadêmico Cândido de Oliveira, cujos membros em quase sua totalidade eram simpáticos ao Partido Comunista Brasileiro. Naquela época, de forte ebulição política, aquela faculdade era um celeiro de arte aliado à política. Entre os colegas de Mário Lago, outros e vibrantes ativistas, como Carlos Lacerda, Jorge Amado e Lamartine Babo.

Mário Lago só exerceu a advocacia por seis meses. Aquela não era a sua praia.

Logo após a formatura Mário Lago envolveu-se com o teatro de revista, escrevendo, compondo e atuando nele. Estreou como letrista da Música Popular Brasileira (MPB) com "Menina, eu sei de uma coisa", em parceria com Custódio Mesquita (25.4.1910/ 13.3.1945), gravada por Mário Reis (31.12.1907/ 5.10.1981) em 1935. Três anos depois, a mesma dupla compôs a inesquecível "Nada além", primorosamente gravada por Orlando Silva (3.10.1915 / 7.8.1978), o chamado "cantor das multidões".

Desde jovem Mário Lago considerava o comunismo a melhor solução para o Brasil. Daí que passou a atuar politicamente no antigo Partido Comunista Brasileiro, onde se fez amigo de dois outros militantes históricos: Luiz Carlos Prestes e Oscar Niemeyer. Por isso, foi preso seis vezes pela polícia política de Getúlio Vargas, em algumas ocasiões debaixo de pau. Mas até o fim da vida não modificou seu pensamento político. Durante o regime militar de 1964 batalhou incansavelmente pelos direitos da sua categoria. Isto o prejudicou bastante, já que foi demitido da Rádio Nacional (RJ) e levado para a prisão. Uma vez livre voltou-se para a televisão, onde reconheceram seu valor.

Mário Lago estreou no teatro em 1933, aos 22 anos de idade, onde fez carreira como ator, compositor e autor. De certa feita, ao sair do Teatro Recreio, foi abordado por um amigo, que lhe pediu um favor. Mário pensou que Roberto Martins – seu parceiro em famosas composições – , como em outras vezes, queria que ele colocasse letra em alguma canção, mas o pedido não era esse.

– Não é nada disso, Mário. É que conheci um cantor que está precisando trabalhar. Ele canta muito bem e você pode ajudá-lo.

Mário Lago pediu para ser apresentado ao cantor e conseguiu trabalho para ele. O nome do artista era Carlos Galhardo (25.4.1913 / 26.7.1985), que, pelas mãos de Mário, tornou-se um dos cantores mais populares do rádio brasileiro daquela época.

As composições mais famosas de Mário Lago – lembradas até hoje – são "Aí que saudades da Amélia" e "Atire a primeira pedra", ambas em parceria com Ataulfo Alves (2.5.1909 / 20.4.1969). Também podem ser citadas "É tão gostoso, seu moço", com Chocolate; "Número um", com Benedito Lacerda (14.3.1903 / 16.2.1958); o samba "Fracasso" e a marcha carnavalesca "Aurora", com Roberto Roberti, que a fabulosa Carmen Miranda encarregou-se de tornar famosa.

Depois que Carlos Galhardo cantou para Mário ouvi-lo, ele não titubeou: entregou-lhe duas músicas suas para gravar: "Será" e "Devolve". Foi nos anos 40 que a estrela de Mário Lago mais brilhou, quando fez parceria com outro bamba, Ataulfo Alves.

Apesar de ser autor de mais de 200 canções, Mário Lago não descurava do seu lado político, arriscando até a própria vida para divulgar suas idéias de esquerda. O Departamento de Imprensa e Propaganda (DIP), criado por Getúlio Vargas para impedir que a mídia publicasse ou levasse ao ar qualquer notícia contrária ao Governo, não tinha como enfrentar a inteligência de Mário Lago.

Fato marcante aconteceu quando ele, em 1964, estava cantando a música "Rua sem sol" na Rádio Tupi. O censor presente ficou intrigado com um certo trecho da canção e indagou:

– Mário, que negócio é esse de "mas no alto da rua sem sol há uma luz sempre acesa?" Mário Lago não titubeou e rebateu: "Você já passou por acaso num jardim que tem uma ladeira? Reparou que no alto da ladeira tem sempre uma lâmpada?". O censor disse que sim e Mário completou cinicamente: "Pois é aquela lâmpada."

No rádio, sua época áurea foi na Rádio Nacional, de onde foi ator e roteirista. Foi ele quem escreveu a rádio-novela "Presídio de mulheres".

Mas nem todos os censores eram burros. Daí que, por causa de "Rua sem sol", Mário Lago foi preso e ficou dois anos sem conseguir trabalho. Quando foi solto, estava praticamente na miséria, com a família passando necessidades. Foi quando surgiu a figura amiga da atriz Dercy Gonçalves e o levou para a TV Rio. No final dos anos 60 Mário transferiu-se para a TV Globo, onde trabalhou por mais de 30 anos. Roberto Marinho, proprietário da emissora, sabia que Mário Lago era comunista de carteirinha, mas não dava bola p'ra isso. Um dos principais papéis que Mário representou na TV Globo foi na novela "O Casarão", interpretando o velho Atílio, contracenando com dois monstros sagrados: Paulo Gracindo e Yara Côrtes.

Contam que certa tarde a polícia política de Getúlio invadiu os estúdios da TV Globo. Traziam uma ordem de prisão para Mário Lago. Roberto Marinho foi chamado às pressas, encarou a turma do DIP e disse de forma categórica:

– Vocês podem levá-lo, mas eu vou junto com ele!

Os policiais meteram o galho dentro e se mandaram. Eles não eram bestas de enfrentar o poderoso proprietário das Organizações Globo.

No dia 15 de fevereiro de 2002 Mário Lago foi internado no Hospital Samaritano (RJ) com uma infecção urinária. Em janeiro daquele mesmo ano ele já havia sido hospitalizado com pneumonia bacteriana. Quando parecia estar melhorando, piorou de repente e faleceu no dia 31 de maio, aos 91 anos de idade, em sua casa na Zona Sul do Rio de Janeiro, de enfisema pulmonar.

Terminava ali a vida daquele que brilhou em todas as facetas artísticas. Em novelas de televisão demonstrou seu talento de ator em todas elas. Para que os aficionados em teledramaturgia lembrem algumas, aqui vão em ordem de tempo: em 1966 Mário Lago representou Otto Von Lucker, na novela "O Sheik de Agadir"; em 1967, como Tamura, participou de "A sombra de Rebeca"; no mesmo ano, na TV Tupi, protagonizou o personagem Pierre em "Presídio de mulheres"; em 1968 trabalhou em duas novelas: como Ali Abbor, em "O homem proibido", e como Dubois, em "Passos dos ventos"; no ano seguinte também trabalhou em duas novelas: "Rosa rebelde", como o Barão de La Torre e "A Ponte dos Suspiros", interpretando Foscari; em 1970 foi Bruno, na novela "Verão Vermelho"; em 1971 transformou-se no personagem Oliveira Ramos em "Assim na terra como no céu"; nesse mesmo ano foi o César, em "Minha doce namorada"; em 1972, representou o Sebastião em "Selva de Pedra"; em 1973, o Inácio de "Cavalo de aço"; em 1974, o Gabriel Martins de

"O Espigão; em 1975, o Chico Dias, de "Escalada" e o Perez, de "Pecado capital"; foi o Atílio Souza, de "O Casarão", em 1976; no ano seguinte, o Galba, de "Nina"; em 1979 apareceu nas novelas "Dancin'Days" como Alberico Santos e Antônio, em "Os gigantes"; em 1980 foi o Cristiano de "Plumas e Paetês"; fez uma participação especial em 1981 na novela "Baila Comigo" e no mesmo ano representou Vitor Newman em "Brilhante"; encarnou o Miguel em 1982, em "Elas por elas"; em 1983 foi o Agenor em "Louco amor"; em 1984 deu um show de interpretação como o Padre Cícero; nesse mesmo ano fez parte do elenco de "Partido alto"; 1984 foi um ano de muito trabalho para Mário Lago na TV: "O tempo e o vento" como Padre Lara, "Um sonho a mais" e "Tenda dos Milagres", como Judge João Reis e Compadre Quelemen, em "Grande sertão: veredas"; em 1986 foi o Antônio Villar de "Roda de Fogo" e o Antero Souza e Silva de "Cambalacho". Descansou em 1987 e voltou às novelas em 1988, representando Dom Germano em "O pagador de promessas"; em 1989 foi o Quinzote, de "O Salvador da Pátria"; em 1990, Dr. Molina em "Barriga de aluguel"; em 1992 voltou com dois personagens em duas novelas: a participação especial como um padre, em "Despedida de solteiro" e o Veiga, em "De corpo e alma"; em 1993 representou Aniceto em "Agosto"; no ano seguinte foi Henrique Pessoa em "Quatro por quatro"; em 1998 trabalhou como Olavo em "Hilda Furacão", como padre, numa participação especial, em "Torre de Babel", e como Amaro em "Pecado capital"; em 1999 voltou à telinha no papel de Teodoro em "Força de um desejo" e participou dos 12 episódios de "Você decide". Finalmente, em 2001, fez uma participação especial em "O clone".

Bem sabemos que a lista é enorme, mas foi colocada propositadamente aqui, para que Mário Lago seja lembrado como um dos melhores e mais famosos atores de televisão, tendo representado com categoria os mais variados personagens. Todos aqueles que acompanham novelas hão de se recordar com saudade de alguns deles.

Em dezembro de 2001 Mário Lago foi homenageado durante a entrega do Troféu Domingão do Faustão. No ano seguinte essa homenagem passou a ser anual, sendo entregue a grandes nomes da teledramaturgia.

Em janeiro de 2002, ano do seu falecimento, o então presidente da Câmara, Aécio Neves, foi à residência de Mário Lago no Rio de Janeiro e entregou-lhe solenemente a Ordem do Mérito Parlamentar. Em sua última entrevista, dada ao "Jornal do Brasil", Mário Lago revelou que estava escrevendo sua própria biografia, dizendo:

– Estou certo que chego aos 100 anos. Fiz um acordo com o tempo. Nem ele me persegue, nem eu fujo dele."

No cinema foi destaque no filme "Terra em transe", de Glauber Rocha (14.3.1939 / 22.8.1981). Como escritor lançou, em 1976, "Na Rolança do Tempo"; em 1976, "Bagaço de Beira-Estrada" (1977) e "Meia Porção de Sarapatel" (1986). Nesses livros, que são uma espécie de memórias, Mário Lago conta com muito espírito histórias do Brasil e dos brasileiros na época da sua juventude. Mário era um sujeito incansável, que além dos seus numerosos afazeres ainda apresentava shows, cantando suas composições e contando deliciosas histórias de seus companheiros de música, boêmia e militância política.

A escritora Mônica Velloso escreveu sua biografia em 1998, no livro "Mário Lago: Boêmia e Política", lançado pela Editora FGV. A escola de samba Acadêmicos de Santa Cruz o homenageou em 2000.

Não poderíamos terminar esta biografia de Mário Lago sem publicar a letra de "Amélia", lançada em 1941, que teve parceria de Ataulfo Alves. Seu título está no dicionário do Aurélio, com esta explicação: "... mulher que aceita toda sorte de privações e /ou vexames sem reclamar, por amor a seu homem":

Nunca vi fazer tanta exigência
Nem fazer o que você me faz
Você não sabe o que é consciência
Não vê que eu sou um pobre rapaz

Você só pensa em luxo e riqueza
Tudo que você vê você quer
Aí meu Deus que saudade da Amélia
Aquilo sim que era mulher

As vezes passava fome ao meu lado
E achava bonito não ter o que comer
E quando me via contrariado dizia
Meu filho o que se há de fazer

Amélia não tinha a menor vaidade
Amélia que era mulher de verdade

Oscar Niemeyer

Centenário de um gênio

No dia 15 de dezembro de 1907 nascia no Rio de Janeiro aquele que haveria de tornar-se um dos mais ilustres brasileiros, considerado mundialmente um gênio em sua profissão. Seu nome: Oscar Ribeiro de Almeida de Niemeyer Soares. Em 2007 ele comemorou seu centenário com praticamente o mesmo vigor da juventude e traçando planos para obras futuras, que lhe estão sendo encomendadas em todo o mundo. Niemeyer é considerado um dos mais influentes profissionais da Arquitetura Moderna Internacional. E todas as homenagens que lhe estão sendo prestadas, no Brasil e no Exterior, ainda serão poucas para o que ele merece.

Quando Niemeyer veio ao mundo o Rio de Janeiro era a capital do Brasil. Sua casa ficava numa rua que, mais tarde, receberia o nome do seu avô, Ribeiro de Almeida, ministro do Supremo Tribunal Federal. Jovem, não foi em nada diferente dos outros rapazes da sua idade, divertindo-se na noite boêmia. Com 21 anos concluiu o ensino secundário (hoje seria segundo grau), tudo levando a crer que, atrasado nos estudos, ele não daria para boa coisa. Na mesma época surpreendeu a família casando-se com Annita Baldo, filha de imigrantes italianos, com quem teve uma filha, Anna Maria Niemeyer. Sua descendência hoje em dia soma cinco netos, treze bisnetos e quatro tataranetos.

Com o casamento, Niemeyer compreendeu que precisava mudar de vida e trabalhar para sustentar a família. Decidiu, então, sem prejuízo dos estudos, ingressar na oficina tipográfica do pai e fez o vestibular para a Escola Nacional de Belas Artes. Em 1934 recebeu o diploma de engenheiro arquiteto. Mesmo enfrentando sérios problemas financeiros, aceitou trabalhar de graça no escritório de Lúcio Costa e Carlos Leão, certo de que isso lhe daria experiência. Em pouco tempo conseguiu demonstrar seu talento e passou a assinar trabalhos bem avançados para a época.

Adepto do comunismo e admirador de Stalin, em 1945 Niemeyer ingressou no PCB e passou a ser perseguido pela polícia política. Isto fez com que ele se auto-exilasse na França. Sua posição política acentuava-se cada vez mais e ele viajou para a União Soviética, onde fez numerosos amigos. Suas convicções de esquerda eram de tal ordem que alguns anos mais tarde Fidel Castro declararia: "Niemeyer e eu somos os últimos comunistas deste planeta."

Niemeyer ainda trabalhava no escritório de Lúcio Costa quando este foi convidado pelo ministro Gustavo Capanema para projetar o novo edifício do Ministério da Educação e Saúde no Rio de Janeiro. Contando com uma excepcional equipe de profissionais, onde ao lado de muitos e consagrados arquitetos (inclusive o franco-suíço Le Corbusier) funcionavam Portinari (autor dos belíssimos azulejos que até hoje encantam aqueles que passam em frente ao prédio); Roberto Burle Marx (encarregado dos jardins) e Alfredo Ceschiatti (a quem foi dada a tarefa das esculturas), o grupo levantou um edifício que ficou pronto em 1943, elevando-se da rua apoiado em pilotis: sistema de pilares de concreto que mantém a construção como se estivesse suspensa, o que permite o trânsito de pedestres por debaixo da mesma. Niemeyer acompanhou a obra passo a passo e nela, por meio dela, descobriu as amplas possibilidades da moderna arquitetura.

Niemeyer e JK

Em 1939 Lúcio Costa foi convidado a projetar o Pavilhão Brasileiro na Feira Mundial de Nova Iorque e fez-se acompanhar de Niemeyer.

Foi muito promissor o encontro dele com Juscelino Kubitschek, na época prefeito de Belo Horizonte (MG). Impressionado com as idéias de Niemeyer, JK o contratou para projetar uma série de prédios numa região chamada Pampulha, na capital mineira. Na época Niemeyer tinha 33 anos de idade e esse foi o seu primeiro e importante trabalho individual.

Os prédios ficaram prontos em 1943 e renderam muitas polêmicas. De um lado os defensores de Niemeyer, deslumbrados com as novas linhas de suas obras; do outro, os que criticavam sua arquitetura por demais avançada. Entre os do contra estava a Igreja Católica, que negou-se a benzer a Igreja de São Francisco de Assis. A maior recusa era por causa do mural pintado por Portinari, onde o motivo principal, a figura de São Francisco de Assis, não correspondia ao imaginário católico.

Cresceu, porém, a fama de Niemeyer, não só no Brasil como no Exterior, e ele passou a ser contratado para inúmeras obras. No início dos anos 40 elaborou dois projetos para o intelectual e industrial Francisco Inácio Peixoto: uma casa e um colégio em Cataguases (MG). Em 1947 Niemeyer viajou para os Estados Unidos para compor uma equipe de conceituados arquitetos que projetariam a sede das Nações Unidas em Nova Iorque. O mais curioso é que, um ano antes, ele tinha sido convidado para lecionar na Universidade de Yale, mas as autoridades americanas, por sabê-lo comunista, negaram-lhe o visto. Sua obra, no entanto, foi sendo cada vez mais reconhecida e em 1950 sai publicado, nos Estados Unidos, de autoria de Stamo Papadaki, o primeiro livro sobre sua carrreira (*The Work of Oscar Niemeyer*). Em nosso país Niemeyer projeta-se em São Paulo com o Conjunto do Ibirapuera.

Juscelino Kubitschek, eleito presidente do Brasil em 1956, oferece-lhe a direção da Novacap, que cuidaria da mudança da capital para o centro do país. É um projeto grandioso, capaz de amedrontar a maioria dos arquitetos, mas Niemeyer topa o desafio. Por coincidência quem ganha a concorrência para realizar o plano urbanístico de Brasília é Lúcio Costa, ficando acertado que Niemeyer realizaria os projetos dos prédios e Lúcio Costa o plano da cidade.

Sobre o trabalho desses dois gênios em Brasília creio que já foi dito tudo. O fato é que, enfrentando toda sorte de dificuldades, críticas e tropeços políticos, mas com total apoio de JK, os dois levantaram uma cidade que hoje é um exemplo do modernismo arquitetônico em todo o mundo.

Vem a ditadura militar e um dos profissionais mais atingidos é Oscar Niemeyer. Alguns dos prédios projetados por ele em Brasília são depredados; seus planos vão sendo misteriosamente recusados e seus clientes desaparecem. Em 1965, duzentos professores pedem demissão da Universidade de Brasília, protestando contra a política universitária comandada pelos militares. Oscar Niemeyer está entre eles. Nesse mesmo ano ele viaja para a França a fim de realizar uma exposição no Museu do Louvre. Compreendendo que enquanto durar o regime ditatorial não terá vez, resolve ficar em Paris, onde monta um escritório nos *Champs-Elysées*. Chovem pedidos de novos projetos encomendados por diversas nações. Entre elas, França, Argélia e Itália. Na França cria a sede do Partido Comunista Francês; na Argélia desenha o projeto da Universidade de Constantine e em 1970 a mesquita de Argel; na Itália projeta o prédio da Editora Mondadori.

Em 1980 Niemeyer volta ao Brasil e, entre muitas obras, levanta o Memorial JK (1980); o prédio-sede da Rede Manchete de Televisão (1983); os Sambódromos do Rio de Janeiro (1984) e de São Paulo (1991); o Panteão da Pátria de Brasília (1985); e o Memorial da América Latina (1987), em São Paulo. Em 1988 é criada a Fundação Oscar Niemeyer, cuja principal finalidade é preservar o acervo do mestre.

Aquela que muitos consideram a sua obra prima, MAC (Museu de Arte Contemporânea de Niterói), Niemeyer planejou e executou aos 89 anos, mas ele não pára e continua a projetar e realizar obras de todo o gênero. Em 2003, um anexo na *Serpentine Gallery*, uma galeria londrina que a cada ano constrói um pavilhão em seu jardim. No dia 22 de novembro de

2002 é inaugurado o complexo que abriga o Museu Oscar Niemeyer em Curitiba (PR). E em 2006, para surpresa geral, casa-se com Vera Lúcia Cabreira, de 60 anos, sua secretária.

O que significam 100 anos de vida para Oscar Niemeyer? Aparentemente nada, já que ele prepara-se para iniciar o seu primeiro projeto na Espanha, um centro cultural com o seu nome, na cidade de Avilés, cuja inauguração está prevista para 2010.

Oscar Niemeyer, que aos 100 anos se mantém perfeitamente lúcido e ativo, recebeu as mais importantes condecorações mundiais, fez inúmeras palestras e escreveu sete livros, inclusive "Minha Experiência em Brasília", editado em 1976 na França, Japão, Espanha e Rússia.

Santa Paulina
Total dedicação aos necessitados

Se alguém soube sofrer com resignação e, nos momentos mais dolorosos sempre voltou seus olhos para Jesus, certa de que esse era o destino que lhe fora reservado aqui na Terra, foi Amábile Lúcia Visintainer, mais conhecida como Santa Paulina.

Nascida no município de Vigolo Vattaro (Trento), naquela época sob o domínio austríaco, no dia 16 de dezembro de 1865, era filha de Napoleone Visintainer e Anna Pianese. Segunda de 14 filhos (9 homens e 5 mulheres), Amábile foi batizada no dia seguinte ao do nascimento e crismada em 1874. Sua família lutava com muitas dificuldades em face da grande crise econômica do Sul-Tirol, por isso resolveu viajar para outro país, onde poderia ter melhor sorte. A nação escolhida foi o Brasil, para onde emigrou em 1875, estabelecendo-se no atual município de Nova Trento, em Santa Catarina. Ali havia uma colônia italiana e a assistência religiosa era assegurada pelos padres italianos da Companhia de Jesus.

Apoiados pelos outros moradores, Napoleone e sua família criaram a localidade de Vigolo. Foi nesse município que Amábile recebeu a primeira comunhão, aos 12 anos. Dos 14 aos 15 anos, com a ajuda de uma amiga, Virgínia Rosa Nicolodi, resolveu ajudar os pobres e enfermos. Diariamente as duas davam o possível atendimento a esses necessitados e ainda ocupavam o tempo livre para ensinar o catecismo às crianças do lugar e limpar a Capela de Vigolo, localizada onde moravam. Aos 25 anos, com a permissão do pai e a aprovação do padre Marcello Rocchi, deixou a sua casa e junto com Virgínia passou a morar num casebre. Em 1890, demonstrando seu forte apego aos doentes, ela e a amiga acolheram e procuraram tratar de uma pobre mulher cancerosa, com os recursos de que dispunham.

Nasce a Congregação

Isto deu-lhes idéia de criar uma entidade voltada para a assistência aos necessitados. Nascia, assim, em 1895, a Congregação das Irmãzinhas da Imaculada Conceição, entidade religiosa que recebeu a aprovação do bispo de Curitiba, Dom José de Camargo Barros. Em dezembro do mesmo ano as duas fizeram os votos religiosos e Amábile recebeu o nome de Irmã Paulina do Coração Agonizante de Jesus.

Graças ao seu espírito empreendedor, à sua força de vontade e ao fato de ser incansável nas tarefas que abraçava, em pouco tempo a congregação se expandia, fundando escolas, hospitais e asilos. Como o dinheiro era escasso, as primeiras irmãs, além de suas atividades normais, ainda trabalhavam na roça, na base da meia (metade da produção ia para o dono da terra) e numa pequena indústria de seda.

Em 1903 Paulina deixou Nova Trento para assumir uma missão das mais piedosas no bairro paulistano do Ipiranga: cuidar de ex-escravos e seus descendentes órfãos. Ela seguia conselho e convite do padre Luigi Maria Rossi, que fora pároco de Nova Trento desde 1895 e naquele ano tinha sido nomeado Superior da Residência de São Paulo.

Preocupação com os ex-escravos

Algum tempo mais tarde, na colina do Ipiranga, junto a uma capela ali existente, Madre Paulina iniciou a obra da "Sagrada Família", para abrigar os filhos de ex-escravos e ex-escravos idosos, depois da abolição da escravatura no Brasil.

Quando, injustamente, em 1909, a destituíram do cargo de superiora geral da congregação, enviando-a para Bragança Paulista (SP), com a missão de cuidar de doentes e idosos, recebeu a nova missão sem sentir-se humilhada. A injustiça era ainda maior: a direção da congregação resolvera que ela nunca mais poderia ocupar nenhum cargo na sua diretoria. Tudo fora tramado por pessoas estranhas à entidade, apoiadas por alguns líderes religiosos, possivelmente enciumados com o prestígio de Madre Paulina. Mais tarde, talvez arrependidos, foi-lhe reconhecido e conservado somente o título de "Veneranda Madre Fundadora".

A partir de 1918 Paulina passou a ter uma vida muito reservada, dedicando-se à oração e à vida contemplativa, até o seu falecimento, em São Paulo, no dia 9 de julho de 1942. Ela já estava adoentada desde 1938, vítima de diabetes, enfermidade que terminou por fazê-la ter de amputar o braço direito. Paulina passou seus últimos meses de vida cega.

Em 18 de outubro de 1991, quando da visita do Papa João Paulo II a Florianópolis (SC), Paulina foi beatificada. E em 19 de maio de 2002 foi canonizada pelo mesmo Papa, recebendo oficialmente o nome de Santa Paulina do Coração Agonizante de Jesus.

No dia 23 de maio de 2006 foi inaugurado em Nova Trento (SC) o Santuário de Madre Paulina.

Criação do Santuário

Logo após a beatificação de Santa Paulina, suas seguidoras resolveram construir um espaço destinado a acolher seus inúmeros devotos. Escolhido o município catarinense de Vigolo-Nova Trento, aos poucos, com muito sacrifício, as irmãs de Santa Paulina, graças a doações, foram levantando seu grandioso Santuário.

Com isso aumentou consideravelmente o número de peregrinos, que além de conhecerem o Santuário, vinham rezar, fazer pedidos à santa milagrosa e agradecer graças concedidas.

A nova realidade impôs às irmãs a necessidade de criar uma eficiente infra-estrutura para atender convenientemente todos os fiéis que chegam de todos os estados brasileiros e até do exterior.

Os arquitetos que projetaram o Santuário assim se referem a ele: "O caráter arquitetônico do Santuário Santa Paulina retrata a essência de sua trajetória de mulher simples, de valores sólidos e puros e de imensa espiritualidade e bondade."

Pensando em todo tipo de peregrino, alguns com dificuldade de locomover-se, inclusive em cadeiras de rodas, no Santuário existem três acessos para atender ao fluxo cada vez maior de visitantes e fiéis: escada, passarela e rua.

A nave principal do Santuário foi construída em formato cônico, permitindo a visualização do altar por todos os fiéis. Quanto à sacristia, ela foi colocada em lugar estratégico, o que possibilita um fácil acesso aos altares da nave principal, das capelas e dos confessionários. O altar principal, com mesa de granito, apresenta na parte frontal a imagem do Cordeiro Pascal e no coração do Cordeiro, bem visível, a relíquia de Santa Paulina.

A área total do santuário é de 6.925,56 metros quadrados; para proteger seu interior do sol, nele os vitrais são em tom azul; a nave principal acomoda confortavelmente 3.000 pessoas sentadas; a altura da torre dos sinos é de 42 metros; a cruz pesa 6.600 quilos, dez metros de altura e seus braços quatro metros; três grandes sinos completam a torre do Santuário, numa altura próxima dos 50 metros; a capela do Santíssimo Sacramento está localizada à direita e a capela de Santa Paulina à esquerda de quem entra no Santuário.

Oração a Santa Paulina

Ó Madre Paulina, tu que puseste toda a tua confiança no Pai e em Jesus Cristo e que inspirada por Maria te decidiste ajudar o teu povo sofrido, nós te confiamos a Igreja que tanto amas. Nossas vidas, nossas famílias, os religiosos e todo o povo de Deus (Peça a graça que deseja alcançar). Madre Paulina, intercede por nós junto ao Pai, a fim de que tenhamos a coragem de lutar sempre na conquista de um mundo mais humano, justo e fraterno.

Veja os Perfis já publicados nesta coleção

1

- Carmem Miranda
- Clara Nunes
- Didi
- Elis Regina
- Jorge Amado
- Monteiro Lobato
- Nelson Gonçalves
- Nelson Rodrigues
- Pixinguinha
- Rubem Braga
- Santos Dumont
- Tom Jobim

cód. 2500.0

2

- Apporelly
- Ayrton Senna
- Barbosa L. Sobrinho
- Burle Marx
- Chiquinha Gonzaga
- Delmiro Gouveia
- Dolores Duran
- Domingos Da Guia
- Irmã Dulce
- Josué de Castro
- Orlando Silva
- Portinari

cód. 2615.3

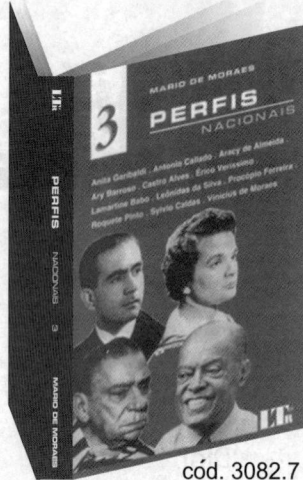

3

- Anita Garibaldi
- Antonio Callado
- Aracy de Almeida
- Ary Barroso
- Castro Alves
- Érico Veríssimo
- Lamartine Babo
- Leônidas da Silva
- Procópio Ferreira
- Roquete Pinto
- Sylvio Caldas
- Vinícius de Moraes

cód. 3082.7

4

- Assis Chateaubriand
- Francisco Alves
- Getúlio Vargas
- Juscelino Kubitscheck
- Luiz Gonzaga
- Mané Garrincha
- Manuel Bandeira
- Olavo Bilac
- Papa João Paulo II
- Paulo Machado de Carvalho
- Rachel de Queiroz
- Villa-Lobos

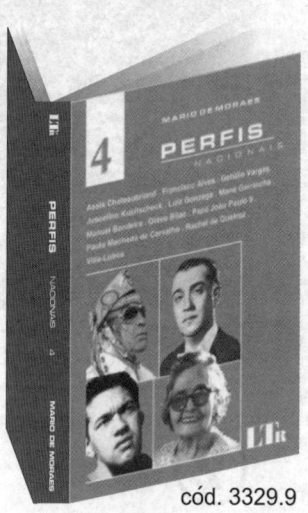

cód. 3329.9

5

- Adoniran Barbosa
- Aleijadinho
- Chacrinha
- Frei Galvão
- Grande Otelo
- Machado de Assis
- Maria Esther Bueno
- Maria Lenk
- Noel Rosa
- Orlando Villas Boas
- Padre Cícero
- Princesa Isabel

cód. 3509.7